運をつかむ技術

18年間赤字のハウステンボスを1年で黒字化した秘密

澤田秀雄

小学館

運をつかむ技術

18年間赤字のハウステンボスを1年で黒字化した秘密

目次

カバー・本文デザイン：B.C.
撮影：伊藤まゆみ

序章

チャレンジが生むもの

1 サンタクロースとダイヤの原石

電気自動車のサンタクロース

ここだけの話にしてほしいのだが、実はサンタクロースに変装すると、とても楽しい。一度経験するだけで、すっかりやみつきになってしまう。

長崎・ハウステンボスのクリスマスシーズン。真っ赤な衣装を身につけ、帽子をかぶる。顔のほとんどを白い髭で覆い、小さなアメやチョコレートをたくさん入れた大きな袋を抱えて場内に出ると、私をめがけて小さな子どもたちや女性のお客様が次々とかけ寄ってくる。

ゆっくり、大きな声で、「メリークリスマス！」と声を掛け、袋から取り出したお菓子を一人ひとりに配る。みんな心から喜んでくれる。輝くような笑顔を私に見せてくれるのだ。特に子どもの純粋な反応に接すると、後の予定をキャンセルして、このままサンタクロースでいたいとすら思ってしまう。

中には少し疑り深い子どもがいて、「おじさんは、本当にサンタさんなの？」と聞いてくることもある。生来嘘のつけない性格である私は、「うーん、まあ半分は本当だよ」とかわし、「これはハッピーキャンディーだよ。食べるとハッピーになれるよ」などと言ってお菓子を手渡す。

2011年12月。ハウステンボスの人気者になった〝澤田サンタクロース〟。

彼らはもちろん、〝サンタクロース〟の中身がハウステンボスの社長であることなど、知るはずもない。それが私にとっても心地いいし、何より楽しい。仕事をしていながら、澤田秀雄とバレる心配がないのだ。

いくら長崎とはいえ、クリスマス前の季節だから、海に面した屋外は風が冷たく、防寒が欠かせない。ところがサンタの衣装というのは、結果として厚着をしているだけではなく、顔の大部分が覆われているために、意外にも暖かい。もちろんこんなことは、サンタクロースになってみるまで知らなかった。

そして、多くの人から発せられたハッピーなオーラが、私の気持ちまで暖かく、楽しくしてくれる。

このサンタクロースは、あまりにもお客様から追いかけられてしまうようになってしまい、ときには移動すら難しくなってしまったため、普段場内の巡回に使用している1人乗りの電気自動車に乗るようにしてみたら、そのミスマッチ、あるいは神出鬼没さが面白いのか、ますます喜んでもらえるようになった。

そのうち、ヘリコプターか飛行機で登場しようかとさえ考えてしまう。いまから冬が待ち遠しい。

ハウステンボスでの1日

初めてサンタクロースになる9か月前、2010年の春に、私はハウステンボスの社長に就任した。どうしても、自分で取り組まなければならないという思いがあった。

それ以来、場内にあるホテルヨーロッパの一室を自室とした「単身赴任生活」を続けている。

いまは東京の自宅にいるよりも、ハウステンボスで寝起きしている時間のほうが長い。正確に数えてはいないが、一週間のうち3分の2近くはハウステンボスにいるのではないだろうか。住民票も、東京から佐世保市に移した。

朝はだいたい7時前に目をさます。念のため目ざましをかけてはいるのだが、ほぼ毎朝なぜか5分前に目がさめてしまうのは不思議だ。そして準備を整え、8時前にオフィス（事務所）に出る。

週に二度、朝に園内の大掛かりな清掃を行う。その日にはオフィスに出る前に私も現場に行って作業を手伝い、みんなに声をかけながら様子を見るようにしている。

オフィスでは毎朝社員全員で10分間掃除をし、8時55分から朝礼を行う。みんなで情報を交換し、標語を朗唱して心をひとつにする。

朝礼が終わると、私が気になることに関して各部門の責任者を呼び、詳しいミーティングを行う。これは日によって、2時間以上に及ぶこともある。

その後は、夕方までさまざまなアポイントが入っている。取引先とお会いし、お客様としてハウステンボスを訪れてくださったさまざまな関係者と面会する。取材を受けるのも、ハウステンボスの宣伝のためにはとても重要な仕事だ。

もちろん、社内の打ち合わせも多い。なかでも「100万本のバラ祭」など大掛かりなプロジェクトやイベントの打ち合わせには力が入る。もちろん、通常の会社と同様に、人事を考え、財務など担当者からの報告を受けたりもする。

アポイントや社内の打ち合わせだけで1日が終わってしまうこともあるが、私はできるだけ空き時間を見つけ、例の電気自動車に乗り込んで一人で場内を回る。とにかく暇さえあれば外を回るようにしている。

ヒントはすべて現場に隠れているからだ。

しかし、ハウステンボスの敷地面積は東京ディズニーランドよりも広大だ。遊びに来たお客様でさえ、1日では到底楽しみきれない。まして、細かく目配りをしながら1日で回ることなど、とてもではないが不可能だ。だからこそ、少しでも空き時間ができれば、意識してどんどん外に出る。

場内では、お客様の表情を見るだけでなく、スタッフたちに声をかけたり、時には実際に場内で売られている料理を自分で買い求めて食べたりもする。

すると、さまざまな問題点や、改善すべきポイントに直面する。

なぜ食事の準備にこんなに時間がかかるのか。それは単純に人が足りないからなのか、効率的でスピーディーな行動ができていないからなのか、あるいは想定よりもお客様の数が多いからなのか――。場内で起きている問題を拾い上げ、翌日の朝礼後に指示を出す。場内にいた時間が長かった翌朝は、ミーティングも長くなることが多い。

夜は、来場されているお客様の接待で食事や酒席をともにすることもあるし、地元である佐世保市や長崎市、長崎県、あるいは広く九州の方々との懇親会に招かれたりもする。だが、そうした予定のない日は、やはり場内を巡回する。イルミネーションなど、夜になってからしかわからないことがあるし、夜の時間帯の開発は重要なポイントだからなのだが、ここまでくると、我ながら仕事なのか、遊んでやっているのかがよくわからなくなるほど、延々と場内をウロウロしている。

部屋に戻るのは夜11時ごろだ。入浴し、短時間の読書をしたら就寝する。寝ようと思えば悩む暇もなくすぐに寝られるのは、私の長所だと思う。

長い読書や、まとまった資料に目を通す時間がなかなか作れないが、ハウステンボスと東京の往復、さらに海外出張の際の移動時間をそれにあてることで解決している。

泥にまみれたダイヤモンド

ハウステンボスは、お陰様で２０１１年９月期に営業黒字に転換した。１９９２年の開業以来、18年間で初めてのことだった。

２０１２年度の決算でも経常利益は30億円以上を確保し、あと数年で１００億円以上を達成できると考えている。

ハウステンボスは、巨額の投資負担と入場者数の落ち込みが響いて長年赤字が続き、２００３年には経営破綻を経験しているテーマパークだ。この間何度も経営主体が代わり、金融や経営のプロたちが次々に改革に取り組んだものの、誰が手がけてもうまくいかなかった。そんなハウステンボスがここまで変われるとは、誰も思っていなかっただろう。

当の私ですら、初めてハウステンボス経営の話が持ち込まれたときは、再建は難しいのではないかという印象を持っていた。

私自身は大阪で生まれ、東京でビジネスをしてきた人間で、もともと九州との縁はない。だが、九州産業交通グループ（熊本県内のバス事業を中心とする企業。２００５年にエイチ・アイ・エスも経営に参画）の再建をめぐり、九州の政財界の皆さんとは浅からぬお付き合いができた。そうした流れで、ハウステンボス再建支援の話も私のところに来たのだろう。

いまでこそ泥にまみれているけれど、丹念に磨けば豊かな光を放つダイヤモンドの原石なのか。それとも、本当にただの石ころなのか。いや、真っ黒に指が汚れてしまう石炭かもしれない。私は考えた挙句、やはり再建は厳しいだろうという判断に至り、丁重にお断りした。

その後、再び礼を尽くして経営への参画を依頼された。それでも、私も私なりの言葉を尽くして再度お断りしたのだ。

だが、三たび頼まれてしまった。

はっきり理由を説明し、明確に断っている人間に対して、くじけず三度も同じ依頼をするのは、余程の覚悟がなければできないことである。私はまず、その誠意を感じないわけにはいかなかった。

そこで、とりあえずおよそ4か月をかけてハウステンボスの現在価値と実情、そして将来性を調べることにした。その過程で、ひょっとするとハウステンボスはダイヤモンドの原石なのかもしれないという見方に変わっていった。

一方、エイチ・アイ・エスの社内はこのプロジェクトに反対だった。猛反対だったと言っていい。ところがこうなってくると、反対されるほど燃えてしまうのが私の性格だ。経営者としていいのか悪いのかはわからないが、勝ち戦に便乗して確実に儲けるよりも、こんなのダメだ、できっこないと言われたことに、どうしても挑戦したくなってしまう。第一、できないと思えば、絶対に何もできはしない。

礼を尽くして頼ってくださった方々の気持ちを意気に感じ、私がたずさわることで少しでも沈滞する世の中のためになるならという思いで、佐世保にやってきたのだった。

しかし1年目は、正直に白状すると、やはりこれはただの石ころだったのかもしれない、という気持ちになってしまったことが、一度や二度ではなかった。

2 ハウステンボスは日本の縮図？

「ディズニーランドを超えよう！」

もちろん、その背景には私自身のアミューズメント業界に対する知識不足、経験不足もあった。詳しくは後の章で述べるが、入場料が高いと感じたから試しに安くしてみたところ、一向に客足は戻らない。一方で好評の催し物やアトラクションがあれば、むしろ入場料を値上げしても、客足は増えていった。こうした経験は、それまでの私のビジネスの常識にはなかったことだ。

だが、私が感じた最大の問題は、ハウステンボスの社員たちに染み付いていた、自信のなさだった。自分たちは、すばらしいテーマパークを作っているのだという誇り――それが感じられなかったのだ。

無理もない話だった。鳴り物入りでオープンし、当初こそ賑わっていたものの、経営的には

18年もの間、一度も黒字を出したことがない会社だったのだから。報酬面でも報われてこなかっただろうし、地元では何年も苦境ばかりが報じられ、家族や親戚、知人からは常に不安げな見方をされ続けてきただろう。

創業者による経営からみずほグループの管理下に入ったものの、会社更生法の適用を申請し経営破綻。その後野村プリンシパル・ファイナンスによる更生計画に沿って再建が図られたが、なかなか好転しなかった。

社員の多くが、いまさら経営母体がエイチ・アイ・エスに代わろうとも、どうせ同じことの繰り返しだ、という意識に支配されていたとしても不思議ではない。なにせ、18年、「負け戦」の経験しかなかったのだから。

だから私は最前線に立って本気で取り組む姿勢を見せなければいけなかった。変える、変わるという意志を体現するには、自ら現場にやってくるしかなかったのだ。

私が取り組まなければならないのは、テーマパークとしてのハウステンボスへのテコ入れであり、コストの見直しであったが、もっとも大切なのは、社員たちにもう一度自信を持ってもらうことだった。

どんな仕事であろうと、自信が大切だと思う。

失敗したって構わない。反省してまたやり直せばいいし、新しいものは失敗からしか生まれ

ない。ペニシリンも、電球も、LEDだって、山のような失敗の果てに見つかったのだから。

別に小さな成功でも構わない。自信が活力となり、やがて新しい世界を切り開く。しかし、失敗した結果自信まで失えば、そこで終わりになってしまう。

自信がなければ、いい仕事はできない。まして、ドキドキ、ワクワクを提供するアミューズメント業界で働く人間にとってもっとも重要なコンテンツである笑顔から、本当の明るさや輝きが失われてしまったら、致命的なサービス低下だ。

私は、事あるごとに社員に対してこう言った。

「失敗は恥なんかじゃない。だから、本当は不安で自信がなくても、嘘でもいいから、自分を信じて、自信を持って仕事をしよう。そして、嘘でもいいから明るくしよう」

そして、こうも言った。

「ディズニーランドを超えよう！」

確か、ハウステンボスにやってきて3か月ほど経ったころだったと記憶している。

もちろん、それが大変な目標であることは私もわかっているし、いまでもクリアされているわけではない。でも、そのころから少しずつ社員の意識は変わってきたように思う。ディズニーを超えるためには、いま眼の前にある状況をどう変えればいいのか。そして小さなことでも改善を始め、いい結果が出始めれば、自信がついてくる。それがやがて次の自信を生み、成功を引き寄せる大きなパワーになる。

いま私は、そして社員たちも、ハウステンボスが実はダイヤモンドの原石だったことを疑っていない。そしてもっと磨けば、さらに輝くという確信を持っている。もしかしたら大変な成果を挙げられるのではないか。みんな本当によくやってくれているし、拾った石がダイヤモンドだった私には運があると思っている。

これから、もっともっと面白くなるのではないかという期待でいっぱいだ。

ハウステンボス化する日本

私はハウステンボスで、毎日のように、挑戦しよう、目標を持とう、夢を持とうと繰り返し言い続けているが、少し生意気なことを言わせていただくと、なかなか元気を取り戻すことのできないいまの日本は、まさに自信をなくし、明るさを失っていた昔のハウステンボスなのではないかという思いがある。

どうして、夢を持つ人が少なくなってしまったのだろうか?

ひとつには、政治の問題があるように思う。企業であれば、経営者が明確な理念を公表し、そこに向かうための方法を従業員に考えさせる。

ところが残念なことに、現在の日本の政治には、日本をどういう国にしたいのかというビジョンが、明確さを欠いているのではないだろうか。

いや、それは伝え方がうまくないだけでビジョンはある、とおっしゃる政治家もいらっしゃることはよく存じている。そこで言葉を足すと、企業経営にあって政治に欠けているのは、「いつまでに何をするか、いつまでにどう変わるか」という、理念プラス時間の概念だと思うのだ。

日本は、国家として、5年後には、10年後にはこういう国家になろうという強い意志。それなくしては、結局何も動かない。

社会保障は大切だし、そのためには消費税の税率を上げるのは大切なことかもしれない。その重要さは理解するが、いま国論を分けて議論されていることには、全体として夢の要素に欠けていることについて、もっと危機感を持ったほうがいい。後ろ向きで、受け身的で、若い人がますます不安がってやる気を削がれてしまっている。

国の赤字が続いていることに、国民は漠然とした不安を抱えている。おそらく年金もいまのようには受けとれず、老後の生活に関して多くの人が悲観的だ。

その懸念が正当なものかどうかはさておき、私が注目しているのは、そうした「不安な気持ち」を抱えていることで元気がなくなり、結果として自信も、発想の自由さもどんどん奪われ、ネガティブ思考に陥ってしまうことの恐ろしさだ。

この船はどこに向かっているのか、はっきりしない。そのうち食糧や水が底をつき始める。不安な気持ちがどんどん強くなり、元気も失われる。話題は、どうやって水と食糧を平等に分配するかばかりになる。なかには盗みを働く者も出てくる。

ここで船長が、あと5日後にハワイに到着する！　と宣言すれば、おそらく船内の雰囲気は一変する。意識はハワイに上陸した後の楽しいことに向かい始める。そこに着けば、食糧も水も補給できる。目標に向かって一致協力して船を動かそうという気運が生まれる。

天下国家とハウステンボスを比べるなと言われればそれまでなのだが、最近東京から離れている時間が長くなったせいなのか、そんな思いを強くしている。

日本という名の船に乗っている人たちは、残った食糧と水ばかりにしか目が向いていない。誰も海の向こうを望遠鏡で見ていない。

しかし、本当に考えなければいけないことは、水や食糧がないことではなく、この船の目的地がないことなのではないだろうか？

私が見ている限り、いまの若い人は優秀だし、力を持っている。みんなできるはずなのに、どうしてやらないのだろうか。私にはもったいなく思えて仕方がない。

3 チャレンジすることの価値

チャレンジしない日本人

最近の若い男性は「草食系」などと言われているが、これは別に男性に限った話ではない。チャレンジする勇気や志が影を潜め、なるべくリスクを取らない方向に進んでいるのは、老若男女を問わない。

その理由を考えると、恐らく日本が豊かだからだと思う。海外に行くたび、それを実感する。これは何もネガティブな意味だけを強調したいのではない。実際、文字通り、日本は豊かである。インフラが整い、治安が良く、社会は安定している。これは、もちろんすばらしいことだ。

ところが裏を返せば、一度豊かさを経験してしまうと、豊かでなくなることへの恐怖感が強くなる。いま以上には悪くなりたくない、つらい思いをしたくない、失敗して指をさされ、社会から落ちこぼれたくない。それが、失敗するかもしれないけれど新しいことにチャレンジしてみようという気持ちを鈍らせる。言い方を変えれば、チャレンジして成功したときのことよりも、失敗して責任を負わされることのほうを先に頭に描いてしまう。

私は、これをとても残念なことだと思う。本当は、多くの人は、いまよりももっと新しいことをやってみたい、いまより向上したい、いまよりももっと面白い仕事をしてみたいと思っているはずだ。

そのためには、ぜひチャレンジしてほしい。もちろん人生だから、苦しいこともあるし、問題も起こる。旅と同じで、いつ何が起こるかわからない。

行く手に沼があるとしよう。その先に進むことをあきらめ、沼のほとりでキャンプを続けていれば、確かに大雨でも降らない限りそれ以上状況が悪くなることはない。でも、もしかしたら沼を通り越した先に、すばらしい大草原が、花畑が待っているかもしれない。その可能性に思いを馳せる力を失わないでほしいのだ。人類は、きっとそうやって発展してきたと思うからだ。

豊かな国に生まれたのだから、失敗してもそう簡単に飢えることがないことをむしろ幸せだと考えるべきだ。どうしてわざわざ暗くなる必要があるだろうか？　世界にはその日の食べ物がなく、ただ生きていくことに精一杯で、チャレンジするチャンスすらつかめない人が数十億人レベルで存在しているのだ。戦乱で命を落とす人だっている。

豊かな日本に生きているからこそ、柔軟な考え方を持つことが許されているのだ。そこに気づければ、人生はずっと楽しくなって、やりがいも出てくる。

見方を変えれば、多くの日本人が不景気を嘆き、こぞって萎縮している状況だからこそ、元気がよく、明るくて、次々チャレンジする人間の価値が高くなる。ともすると、成功する・しないということよりも、こういう時代だからこそ、ポジティブな性質でいることそのものが価値を伴っているとも考えられるのだ。

日本企業が乗り遅れた「変化」

ソニーやパナソニック、あるいは任天堂といった、日本が世界に誇ってきたメーカーが、次々に巨額の赤字決算を発表した。大規模なリストラに追われているところもある。

私はメーカーについてはまったくの門外漢で、もとより個別の企業に対して見解を述べられるような立場ではないが、一個人として感じずにいられないのは、大きな時代の変化である。個別の案件、1年単位の変化には気づけても、意外にも多くの人が、大きな流れや歴史的感覚には無頓着でいる。ちょっと私見を述べてみよう。

まず、これまで世界を半ば支配してきた西洋の金融が弱体化し、時代を動かす大きな軸は、アメリカやヨーロッパからアジアにシフトしていること。

そして、歴史的な情報革命、少し古い言葉を使えばＩＴ革命が一段と進んでいることだ。

この2点から、日本の電機メーカーの置かれた状況を私なりに考えてみると、いままでの、日本的な、細やかで丁寧な伝統的ものづくりが、ここ数年急速に価値を失っているのではないかと思う。

いまや多くの電子部品は、かつては後進国と言われてきたアジアの国々が、あっと言う間に作り方を学び、先進国よりも安く作ることができる。もちろん日本にしか作れないハイテクの部品はあることにはあるが、少なくなってきたのも事実だ。

また、製品を完成させるためには材料を作れるところからできるだけ安く集め、人件費の安い国で組み立てるのが一般的になってきた。作り方さえ教えれば、品質は遜色ない。

つまり、製品としての概念や設計図、組み立てのやり方に関しては欧米の先進国が考え、実際に部品や完成品を作るのは人件費の安いアジア、という分業が可能になってしまった。よって、すべてを日本で調達し日本で完成させるという日本流のきめ細やかなものづくりは、特に価格面で競争力を失ってしまったのだ。

これは、大きなパラダイムシフトだ。

日本の携帯電話が、アイディアとしての優秀さを武器に台頭してきたｉＰｈｏｎｅにあっと言う間に取って代わられる。アップルはアメリカの企業だが、組み立てを受注しているのは台湾の会社であり、実際に組み立てているのは中国の労働者だ。

ほんの数年前まで、多くの人がＮＴＴドコモの携帯電話を使い、ｉモードでメールやコンテンツを使っていたのに、わずか数年で状況が一変してしまう。誰がこのような状況を想像できただろう？

日本のメーカーは、残念ながらこうした変化のスピードと激しさに気づくのが、少し遅かったと思う。もちろん、豊かな日本は賃金が高く、円高という不利もある。グローバル化した経済のなかでは価格競争力が弱い。

だが、アップルのような会社は、同じ理由では没落していない。それは、パラダイムシフトを仕掛ける側にいたからだ。音楽をネットで買う。携帯電話からボタンをなくす。ゲームはスマートフォンで楽しむ。そうした新しい考え、挑戦があったからこそ、大変革の成果をほぼ独り占めしてきたのだ。

お気づきかもしれないが、これは「どうして日本人はチャレンジしなくなったのか」ということと通底している。**変化していこうとする努力を欠かさず、時代に合った製品を作り続けていけば、ソニーやパナソニック、任天堂が逆転する目は大いにある。つまり、ｉＰｈｏｎｅを**

数年でゴミ箱に追いやる何かを創造すればいいだけなのだ。

大変革は、これからも続く。スピードはむしろ加速していくだろう。情報革命だけでなく、エネルギー革命も、自動車革命も起きる。おそらく、いま私たちを囲んでいるすべてが大きく変わるだろう。

そこについていく。いや、仕掛ける側に回る。それができれば日本企業も、日本人も生き残れる。できなければ、きれいさっぱり消えていく。

激動期だからこそ大チャンス！

私は、脅すつもりなのではない。むしろ、これから変化のスピードが速まっていく世界を生きていく若い人には、大チャンスではないかと思う。もちろん、それは大企業、ベンチャー企業を問わず、日本の企業すべてに言えることだ。

予想もしていないような大きな変化がすごいスピードで起きる激動期だからこそ、たった数年で大勝利を収められるかもしれないのだ。

正直に言って、私は若い人がうらやましい。自分が若かったら、あれもしてみたい、これもしてみたいという思いがどんどん広がる。

私のような者が若い人にアドバイスできるのは、言ってみれば「チャンスのつかみ方」だ。鯛やヒラメがうようよ泳いでいる海が目の前にあっても、釣り糸を垂れないことには絶対に釣ることはできない。ところが、そこに魚がたくさんいることを知らないのならまだしも、知っていながら通り過ぎてしまう人、釣りなんてしたことがないから、どうせやってもうまくいかないのではないかと頭で考えてしまう人が多い。

本当にもったいないことだ。

そこに私が通りかかったら、せめて釣り方くらいは教えてあげたいと思う。そんなに難しいことではないのだ。針にえさをつけるのはちょっと怖いかもしれないが、慣れればどうということはない。

魚が食いついても、えさだけ食い逃げされるかもしれないし、途中まで引き上げた魚を逃してしまうこともあるだろう。でも、それさえも楽しんでしまえばいい。必ずまたチャンスはやってくるのだから。

失敗したら、やり直せばいい

若い人ばかり責めるのも、酷な話かもしれない。

今年の新入社員は、もうほぼすべて平成生まれである。平成元年は、その頃すでに社会人でいた人間にとってはバブル経済の絶頂期として記憶されていて、そのあとの日本経済は、四半世紀近く右肩下がりの状況だ。

そんななか、不景気なニュースに囲まれ、親の苦しいところばかりを見て育ってきた若い人が、ある程度保守的になるのは仕方のないことなのかもしれない。ちょうど、ハウステンボスの社員たちが自信を失い、何をやってもどうせ良くなることなどない、という気分に支配されていたように。

でも、失敗したら、やり直せばいい。それでもダメならやめればいい。とてもシンプルで、文字にすれば数行のことだが、本当にそうなのだ。別にどうということはない。

他人に迷惑をかけたのなら、誠意を込めて謝ればいい。それでも許して貰えないのなら土下座でもなんでもすればいい。償いはする。それだけのことだ。

二度とチャレンジできなくなるわけでも、人生が終わるわけでもない。まして命が奪われるわけでもない。

私など、開き直って言ってしまえばいつも失敗の連続だ。ハウステンボスでも数々の失敗をしている。失敗なんて怖くないと言えば、それは嘘になる。やはり失敗は嫌だし、つらいことだ。

だけど、別にどうということはない。失敗しない事業などない、と断言できるのだから。もしその失敗が、頭も時間も使わず、いい加減なチャレンジだったのなら、失敗は当然の報いだ。でも、知恵を絞り出し、考え抜き、最善の努力を尽くした結果なのなら、開き直ればいい。

最善の努力の結果の失敗は、必ず糧になる。後に思わぬヒントになったり、鉱脈に化けたりする。そこで初めて、「失敗は成功の母」というのは本当のことだったのだと思えるようになるはずだ。

真剣な失敗の積み重ねがとんでもない大成功を生む。大発明につながる。いま日本人や日本企業に足りないのは、そこなのではないだろうか。

チャレンジしない限り、新しいものはできない。そして時代が激しく変化する以上、チャレンジしない者は滅んでいくしかない。

真剣さと気楽さ、過去の自分を裏切れる洒脱さを持ち合わせた人間が、これからの時代を作っていくはずだ。

私の経験が、そんな若い人たちの参考になり、また元気と明るさの一助となれば、無上の喜びだ。

第1章

いくつかの冒険

1 学生時代

私の土台

この本を手に取ってくださっている方の中には、エイチ・アイ・エスという旅行会社を創業するまでの私の道のり、あるいは何を思って起業するに至ったかを知らない方も多いのではないかと想像する。

それはそれで、私には感慨深いものがある。おかげさまで、エイチ・アイ・エスは海外旅行の取扱高で日本最大の旅行会社に成長した。店舗数は国内に274、海外には95の都市に12の拠点を構え、社員はエイチ・アイ・エス単独で5000人以上、グループ全体では1万人を超えている。もはや「澤田秀雄が創業したエイチ・アイ・エス」というとらえ方をされなくなってきているのは、エイチ・アイ・エスが旅行会社のひとつとして、自然に、当たり前に、広く社会に受け入れられている証拠と思える。

その効果もあってか、すでにエイチ・アイ・エスには多くの優秀な人材が集い、私がいちいち判断しなければならないことはかなり少なくなっている。私は２００４年にエイチ・アイ・エスの社長の座を退き、現在は会長という肩書きに変わった。実質的な仕事の9割以上は現社長以下の経営陣、幹部に任せっきりと言っていい。だからこそ、私はエイチ・アイ・エスについて考える必要はあまりなく、ハウステンボス再建に注力できているということでもある。

本書では自己紹介を兼ねて、簡単にではあるが、エイチ・アイ・エスの創業前後のできごと、そしてその過程で感じたこと、経験したこと、失敗したことを述べてみたいと思う。

それらは間違いなく、いまハウステンボスの再建に取り組んでいる私の土台となっているからだ。

旅は予想外のことばかり

私は大阪で生まれた。とにかく旅が大好きで、常に遠いところへ行きたい、見たことのない場所へ行きたいという欲求と戦いながら暮らしていた。この性分は、50年近くたったいまでも変わっていない。

旅にはいろいろな楽しさがある。なかでも、旅に出たいという気持ちさえあれば、出かける前から旅は始められるのがいい。地図を眺め、計画を練り、準備を整える。それだけで気分は高揚してくるのだ。

そしていざ旅に出ると、事前に計画したとおりにはいかないことが大半なのも面白く、勉強になる。

高校生のころ、友人と紀伊半島一周のサイクリングに出かけた。私が自分で考え、泊まりがけで出かけた初めての旅だった。

地図を研究し、自分たちの体力を考え、1日あたりの移動距離を計算する。どこで泊まり、何を見物するかを細かく考える。それは本当に楽しい時間だった。

ところが実際に旅に出てみると、まったく予定した距離が稼げない。強い向かい風が吹いてくればスピードは出ないし、平地と山道でもまったく違う。

世の中は予想外のことだらけ。何でも自分で実際にやってみなければ、本当のことはわからないのだ。

いま考えれば当たり前のことなのだが、体と心を旅にさらし、自分で確かめて理解できたことは、私にとって大きな体験となった。

西ドイツへの留学

私は生野工業高校という学校を卒業した後、アルバイトと貯金に明け暮れていた。それは、自力で大学に通って経済を勉強したいからであり、そのために、西ドイツ（当時）に渡ろうと決意したからだった。

私がこのような行動を起こした理由を述べる前に、若い読者には、少々時代背景を説明する必要があるかもしれない。

私は1951年の早生まれで、高校を卒業したのは1969年のことだ。私に近い世代の方なら説明しなくともピンと来るはずだが、1968年からこの頃にかけては、日本中の大学に学園紛争の嵐が吹き荒れた最後の時期である。

多くの大学はストライキという名のもとに封鎖され、入学しても学ぶことができなかった。東京大学の安田講堂に立てこもる学生と警察との攻防が行われたのは、まさに1969年のはじめのこと。この年東大の入試は中止された。

要するに、若い私の眼には、日本の大学はまともに学ぶことができない場所、と映ったのだ。これが留学を目指すことになったひとつの理由だった。

しかし留学するにしても、当時もいまも、まずはアメリカやイギリスを目指す人が多いはずだ。そのなかでわざわざドイツを選んだのは、人と違う場所に行ってみたいという思いからだけでない。当時日本と並び西側諸国のなかで急成長していた国だったこと、そしてヨーロッパの中心に位置しているから、そこを拠点とすれば他の国へも旅行に行きやすそうだったからだ。

当時はサポートしてくれるような代理店もなく、留学先も、渡航の方法もすべて自分で調べた。3年間のアルバイトで貯めたお金を手に、横浜からソ連沿海州のナホトカに船で渡り、シベリア鉄道を使ってドイツに入ったのは1973年のこと。すでに同世代は日本で大学を卒業しようかという頃に、マインツ大学経済学部に入学した。

ドイツでの「起業」

ドイツでの暮らしや学生生活にも慣れたころ、私は改めてそこでアルバイトをしようと思い立った。もちろんそれは、学費だけでなく、ドイツから周辺各国へ旅行するための軍資金を作るためだった。

私が暮らしているマインツから、ドイツを代表する商都フランクフルトまでは、鉄道で40分ほどしか離れていない。フランクフルトでは国際的な見本市なども多く開催されていて、当時から日本のビジネスパーソンが多く訪れていた。

私の最初のアルバイトは、彼らのための通訳だった。

すると、顧客である日本人からは、通訳以外のリクエストが多いことに驚いた。街を案内してほしいというのだ。

当時はまだインターネットなどなかったし、観光ガイドブックも、質、量ともに充実していない。せっかくはるばるフランクフルトにやってきたのに、仕事をこなすだけではもったいないし、つまらない。どこで食べ、買い物をすればいいのか。夜はどこに行けば楽しめるのか。どの地域が安全で、どこに行ってはいけないのかを教えてほしいと言う。要するに、ガイドをしてほしいと言うのだ。

ドイツ留学中、旅先のスコットランドで。

あまりに同じことを言われ続けるので、私は何軒か安全で質の良い店を調べておき、紹介だけはするようにしたが、あくまでそれっきりだった。学生である私は、夜まで付き合わされたのではたまらないからだ。

しかし、ドイツ語の話せない日本人に

とっては、それでは不安で仕方がない。ぜひ一緒についてきてほしいと言う。

ここで私はふと思いついた。こんなにもニーズがあるのならば、夜に不案内な日本人を相手にしたナイトツアーを企画すれば、通訳よりもずっと効率の良い仕事になるのではないだろうか……？

そこで男性向け、女性向け、さらに目的別にいくつかのコースを考え、それに沿ったお店を回った。例えば、ビールのおいしい店、ライン川の眺めが良い店、音楽や伝統舞踊が楽しめる店。そんな店の経営者らと価格交渉を行い、日本人客を案内する。得体の知れない日本人の若造が突然飛び込みでビジネスの交渉をするなんて無鉄砲だったかもしれないが、実際に私がたくさんの日本人客を連れてくることがわかると、彼らも私を信頼してくれるようになり、この仕事は軌道に乗っていった。

その後、ナイトツアーについての日本語のパンフレットも作成し、現地の高級ホテルのフロントマネージャーたちに日本人客への案内を依頼した。そこで宿泊客がツアーを申し込めば、フロントマネージャーたちにもマージンを支払うと約束した。この方法が当たって次々に予約が入るようになり、私の手元には毎月１００万〜２００万円もの現金が残るようになった。

当時の日本人にとって、海外旅行、海外出張はいま以上に高価で、大変で、物珍しい大イベントだった。彼らはおしなべて現金を多めに持ってきている割に、それをどこで使えばいいのかについては、ほとんど情報を持っていなかった。

そこで埋もれたニーズを、ホテルのマネージャーを通して現地の店と結びつける。**私も含め、日本人客も、お店の経営者も、ホテルのマネージャーもみな満足する。誰も損をしない。だからうまくいったのだと思う。これも、後の私のビジネスの基本ルールとなった。**

しかし、当時私が働く目的は、あくまで学問と旅行のためだった。

私がまとまった期間旅に出てしまえば、代わりはいないからこの仕事は中断してしまう。すると店主たちも、ホテルのマネージャーも、次はいつ仕事を再開するのか私を急かしてくるようになった。

あるユダヤ人経営者は、私に店の経営を任せたいとまで言ってくれた。それは、私が彼に日本人客が喜ぶ企画を提案し、実際に成果を挙げていたからだった。

しかし、私は断った。

アルバイトという割には儲けすぎてしまったし、それが自分のバランスを崩しそうなことが怖くもあった。いいことばかりが続くはずはない。留学生という弱い立場である私がまとまった金銭を手にしていることが知れれば、必ずそれを狙ってくる人間が現れる。

私は、あくまで、学び、旅をするためにドイツに来たのだ。22才だった。

2 旅が教えてくれたこと

旅のスタイル

留学、そして旅行を通じて感じたのは、世界にはいろいろな考え方の人たちがいて、様々なものの見方がある、ということだった。

留学生としてはあり余るお金を手に入れたおかげで、私は約4年半にわたり、50か国以上を旅行することができた。ドイツに近い国にとどまらず、アジアや中近東、南北アメリカ大陸、そしてアフリカまで足を延ばした。

陸路で国境を越えるたび、文化や言葉だけでなく、豊かさも、考え方も、ルールも変わってしまうことを知った。そのたび、自分のなかにある「常識」が刺激され、揺さぶられた。いったい何が正解なのか？　そもそも正解などあるのか？

できるだけ多くの国を回れるよう、そしてなにより地元の人たちとのふれあいが楽しくて、安宿にばかり泊まり、夜の街を歩いた。高級ホテルやレストラン、きれいなブランドショップはあくまでのぞくだけ。それよりも、その土地のものを食べ、時には寺や無料の宿泊所に泊まることを選んだ。ある宿泊所では、天井にビッシリとゴキブリがたかっていてビックリしたことがある。

日本はちょうど高度経済成長期が終わったばかりの頃で、私が日本人とわかると、それを褒めてくれる外国人もいた。一方で私には、日本はいい意味でも悪い意味でも均一的な、均質的な国だということが客観的に理解できた。みんなが揃って似たような行動をする。その典型が、1973年の石油ショックで、消費者が一斉にトイレットペーパーや洗剤といった商品を買い占めた騒ぎだった。ドイツも同様に石油ショックの影響を受けたが、そういう光景を見たことはなかった。

失敗もあった。私は旅に出ると、いつも写真を撮って回った。それは自分の記念のためだけでなく、珍しい写真、観光地のカットを撮ってエージェントに預けておくと、結構売れたからだ。つまりこれも、アルバイトの一環だったのだ。

ところが、その大切なカメラを盗まれてしまったことがある。

ある中米の国で、混雑した長距離バスに乗っていたときのこと。すっかり旅慣れていた私は、用心深くカメラをバッグの一番下に入れておき、仮眠していた。

ところが目を覚ますと、カメラだけが見事になくなっている。そして、私の周りにいた乗客もきれいに消えていた。後で知ったのだが、こうした場合は周りの乗客全員がプロの泥棒なのだという。これには驚いた。

自分の足で、知らない国、未知の街を歩くたび、直接的、間接的な発見があった。旅は本当に楽しいし、さまざまなことを教えてくれた。

死の恐怖

なかでも、私の人生に大きな影響を与え、いまの性格を決定的にした旅行中のできごとがあった。

ヒマラヤ山脈を望むネパールのカトマンドゥを旅していたときのこと。原因ははっきりわからないが、どうにも体が重く、だるくて仕方がなくなってしまった。現地の衛生状態が悪いために、水か食べ物から何か悪い菌のようなものを取り込んでしまったのかもしれなかった。しかし当時のネパールはいまよりも格段に僻地で、英語もほとんど通じなかった。

それまでも旅先で体調を崩した経験はあった。しかし体力には自信があったし、第一まだ若かった。風邪などひいても、少し休んで、おいしいものを食べていれば治る、という妙な自信があった。

そんな自信と裏腹に体調は悪くなる一方だったが、自分に鞭打ってどうにかビルマ（現在のミャンマー）まで移動してきた。しかし、ここで完全に参ってしまい、現地の病院を訪れた。

病院とはいうものの、ボロボロの掘っ立て小屋のような粗末な建物。そこで、体中膿だらけでハエにたかられている男や、重い病気なのか生気のない表情をしているのに子どもに母乳を与えようとする母親と一緒に、1時間ほど待たされた。

しかし診察はわずか数分で終わった。言葉があまり通じず、診察のしようがなかったのかもしれない。薬を出されたが、果たして本当に飲んでもいいものなのか、確信が持てなかった。

このままここにいたら、命を落とすかもしれない。そんな恐怖感が、やがて頭の中を支配し始める。

自分でも、どんどん状況が悪くなり体力が落ちていくのがわかった。苦痛はますます増し、熱が引かないのだ。

異国のホテルの部屋で壁や天井を眺めながら、ひたすら寝ているだけの毎日だった。時間が過ぎるのがとても遅く感じられ、嫌なことばかりが頭をめぐる。

ああ、自分は、このままここで死んでしまうのかもしれない……。

人生の転換点

いったい死んだら自分はどうなるのか？　そんなことばかり考えてしまう。初めての経験だった。恐ろしかった。

次に、さまざまな後悔が襲ってきた。あれをやっておけばよかった。あそこにも行ってみたかった。恐れずに、もっといろいろなことにチャレンジしておけばよかった……。来る日も来る日も、頭の中にはただ恐怖と後悔の念ばかりが渦巻いていた。不安を通り越して、もはや絶望的な気分になっていた。

そんななかで、周りに知人はおろか日本人すらおらず、もちろん日本語も通じない。連絡することもできない。もっともそうした状況は旅では当たり前だったのだが、ここまで体力が弱ってしまうと、それは経験したことのない巨大な孤独感に変化した。いくらつらくても、つらいと言うことすらかなわない。心底後悔していても、その思いを伝える相手がいない。

恐怖と後悔、絶望と圧倒的な孤独感……。

とにかく、せめて英語が通じ、近代的な設備がある国に行かなければならない。私は、文字通り最後の力を振り絞って空港に向かい、どうにかバンコクにたどり着いた。

近代的なホテルにチェックインし、とにかく食べて、休むことに専念した。

その後、ようやく症状が治まり、体力が回復してきた。

ああ良かった、助かったと思うと同時に、私は初めて、人生における時間の重みを噛み締めた。人生なんて、ある日簡単に終わってしまうかもしれないということを実感したからだ。

そして、後悔するくらいならチャレンジするべきなのだということを、身にしみて学んだ。

少々失敗しようが、命までは取られない。たとえ財産を失おうと、半身をもがれるわけではない。

そう思えば、実はほとんどのことは問題にならない。やらずに後悔しながら死ぬことと比べれば、怖いものなどない。

だから、悩む前に動け。何かあったら開き直れ。後悔するよりチャレンジしろ。

この経験は、私の若いころのもっとも大きな経験だった。そして、大好きな旅から教わった人生の転換点、ビジネスの発想の原点となった。

3 起業

最初は毛皮輸入業

ドイツでのビジネスがうまくいった理由は、ツアー客も含め関わる人誰もがハッピーになる形だったからだと思う。私が金銭的に小さな成功を手にしただけでなく、日本人客には楽しんでもらえ、感動してもらえた実感があったし、ビジネスのパートナーと現地の人々にも喜んでもらえた。

お客様も、取引先も、そして私もハッピーになれる仕事がある。これは、本当に幸せで、素敵な経験だった。

私は日本に帰国したら、自分でビジネスを起こしてみようと考えた。もう、怖いものはない。自分のやりたいことを素直にやってみよう。迷いはなかった。

1976年、私が東京で初めて起業した会社「秀インターナショナルサービス」は、実は旅行会社ではなく、毛皮などの輸入販売を行う商社だった。

なぜ毛皮だったのか、そしてなぜ大阪出身の私が東京で起業したのかについては、少し説明が必要だ。

私がドイツにやってきて驚かされたのは、日本との物価の差だった。

マインツで飲んだ、日本では味わったことのないほどおいしいコーヒーの値段が、日本の半額だった。当時はちょうど為替の固定相場が崩れたころで、円の価値はみるみる上昇し始めていた。

旅を重ねるうち、なかでも価格差が大きいことを知ったのが毛皮だった。当時の日本人にとっては紛れもない超贅沢品だったが、実際にヨーロッパに来てみると、十分手の届く値段で売られている。輸送にかかるコストや関税、私が受け取るマージンを乗せても勝負になるはずだった。

東京で起業した理由は、ドイツで順調に旅の資金を稼いでいたころに知り合った日本のビジネスマンに、「君の小さな成功は緩やかなヨーロッパだからできることであって、日本、まして東京ではうまくいくはずがない」と言われたことだった。

私は東京に知人縁者がいるわけではなかった。それどころが修学旅行で一度来たことがあるだけで、土地勘さえなかったのである。それでも私が東京で会社を作ることにしたのは、あのとき言われた「できっこない」という言葉への反抗心からだった。

ドイツから帰国したとき、手元に残っていたのは1000万円だった。大卒の初任給が10万円に満たない時代だ。それはいまで言えば2000万円以上の価値を持つ大金のはずだったが、表の顔と裏の表情を併せ持つ不思議な魅力を感じた新宿という街に、1本の電話と2台のデスクを置いた小さな事務所を構えるだけで、早くも半分が消えてしまった。

本が先生

ところが、ビジネスはいきなり頓挫する。すでに発効していたワシントン条約（絶滅のおそれのある野生動植物の種の国際取引に関する条約）に日本が参加することが決定的となったことで、毛皮製品の多くが輸入できなくなることが確実になったのだ。

さあ、困った。すでに事務所は借りてしまっていて、家賃は毎月かかってしまう。しかし、収入はほとんどない。

そこで、半ば仕方なく、航空券を扱い始めたのだった。

コーヒーや毛皮だけでなく、航空券もヨーロッパでは格段に安く売られていた。日本にはまだ格安航空券という概念自体が普及しておらず、私のような、ごく一部の旅好きだけが知っている「裏ワザ」だった。

私の会社は、毛皮の商社だった時代から、旅好きの仲間がよく集まり、情報交換をする場になっていた。私もそれが楽しかった。でも旅は私の大切な趣味であり、それをビジネスにするつもりはなかった。

しかし、もはや背に腹は代えられない。1980年、現在のエイチ・アイ・エスにつながる「インターナショナルツアーズ」を新たに設立し、旅行業の登録を行った。

しかし、最初の半年間は、はっきり言って暇だった。

なにせお客様が来ない。週に1人か2人がせいぜいで、1週間のうち3~4日は、ほぼ1日何もやることがないのだ。かと言って、始めてしまった以上営業時間を変えることはできない。お客様が来ず経済的余裕がないのだから、人を大勢雇うわけにもいかない。

開かないドア、鳴らない電話を相手にしながら、とにかく夕方の5時までは「営業」を続けなければならない。そこで私が没頭したのが、読書だった。

最初のうちは、それまでも勉強を続けていた経済に関する本、ランチェスター経営戦略などの経営に関する書物を中心に読んでいた。

ところが、毎日毎日読書をしているため、どんどん読むスピードが上がっていき、1日1~2冊のペースで本が読めるようになってしまった。めぼしいものは、あっと言う間に読み尽くしてしまった。

そこで初めて、『三国志』や司馬遷の『史記』、『孫子の兵法』といった中国の書物、安岡正篤先生や中村天風先生の著作の数々に触れた。『徳川家康』（山岡荘八）や『武田信玄』（新田次郎）といった日本の歴史を描いた長編小説も読んだ。

そして終業時刻の5時になると急いで事務所を出る。向かうのは、パチンコ店だ。

なぜかと言うと、本を買おうにも会社が儲かっていないからお金がない。そこで、昼の休憩時間に今日調子の良さそうなパチンコ台を「マーケティング」しておき、サラリーマンより一足早く店に駆け込んで出玉を稼ぐのだ。当時、本を景品として揃えているパチンコ店は少なくなかった。『徳川家康』の文庫本全26巻のうち、20巻以上がパチンコで手に入れた「戦利品」である。

パチンコ店では、盤面に躍る銀玉を見ながら、よく考えごとをした。煙だらけの騒々しいところでと思われるかもしれないが、これが意外に集中できるのだ。

ドイツでは簡単に儲けることができた自分が、なぜいまうまくいかないのか。「できっこない」と言い放ったビジネスマンの顔が、ときどきちらついた。

確かに、いま考えても恐るべき経営状態で、本当に仕事がなかった。

でも、もしあの時期がなかったら、私の知識はいまの半分、いや3分の1くらいだったに違いない。何より、長い本を読み通す力を得ることができた。

当時の私には、師と呼ぶような対象の人はいなかった。自己流で歩いてきた。それまでは経済、経営の勉強しかしてこなかった私だったが、あの時期、歴史に触れたことで、長期的な視野を得ることができたと思う。「継続は力なり」、あるいは「人は石垣、人は城」なんて、考えたこともなかった。

このときは、歴史を書物として読んだだけだった。しかし、その後エイチ・アイ・エスが成長していく過程で、そして現在のハウステンボスでも、当時感じたことが活かされている。もちろんそのころは考えてもみなかった。ただ必死だったのだ。

そして旅行計画と実際の旅行のように、書物で得た知識を実際に試してみることで、初めて経験値として蓄積されることを知ることになる。

飛躍

書物との蜜月も、いま思えばわずか半年だった。

やがて、もともとの旅仲間や、彼らが紹介してくれたお客様、さらにその知り合い……と口コミで仕事が増えていった。やがて忙しくなり、旅行者としての経験が豊かなお客様を社員と

1983年に移転した３番めの本社オフィスで。

してスカウトしたこともあった。

当時の大手旅行会社にはない、生の情報提供も好評だった。インド旅行がブームとなるなかで、航空券をいかに安く手配するか、旅行をどうプランニングするかだけでなく、私が撮ってきた写真をスライドにしたり、自分自身の経験を話したりする機会を提供する説明会を開催して、熱烈なお客様を獲得することができた。この「インド自由旅行」という企画が、最初のヒット商品となった。

80年代前半、私には、海外旅行はやがてもっと身近な存在になるという確信があった。なぜなら、私が学生生活を送ったヨーロッパの国々に比べて、日本は所得が高いのに、あまりにも海外旅行者の数が少なかったからだ。要するに、価格が高すぎるのだ。

徐々に業容が広がっていく中で、85年の後半には急速な円高がやってきて、ますます海外旅行には有利になった。加えて、80年代の終わりにはバブル景気で一段と海外旅行が普及した。航空機が大型化し、航空券が値崩れしたことや、週休２日制が浸透していったことも追い風となったのだ。

設立翌年の81年の売り上げは３億円弱。それが85年には24億円、89年には１６３億円に達した。そして90年、現在のエイチ・アイ・エスに社名を変更した。この社名は、私が最初に創業した会社である「秀《H》イ《I》ンターナショナルサ《S》ービス」の略称が元になっているが、いずれ世界で勝負できる旅行会社になりたいという思いを込めて、“Highest International Standards”（世界最高水準）という意味も併せ持っている。

90年、91年は、いまに至る不景気の始まりとも言えるバブル経済の崩壊が起こった。株価、ついで不動産価格が暴落し、銀行は貸し出した資金の回収に必死だった。やがて焦げ付きが明らかになり、不良債権問題につながっていく。

ところが、エイチ・アイ・エスの社業は順調に伸びていった。売り上げは93年に５００億円を突破し、95年には８７０億円になった。この年、念願だった株式の店頭公開（現在でいうＪＡＳＤＡＱ市場への上場）を行い、２００２年には東京証券取引所第二部、翌々年に第一部に上場を果たした。そして２００５年には海外旅行の取扱人数で、２０１１年には取扱高でも日本最大の旅行会社となった。

この間にも、もちろんいろいろなことがあった。詳しくは、第3章以降で述べていくことにしたい。

4 苦い経験から得たもの

スカイマーク

２０１２年は、ピーチ・アビエーションやジェットスター・ジャパン、エア・アジア・ジャパンといった格安航空会社（ＬＣＣ）が次々と日本の航空業界に参入し、「日本のＬＣＣ元年」などと言われている。エイチ・アイ・エスも、ピーチから航空券の提供を受けることになった。

２０１２年がＬＣＣ元年なのだとしたら、私が、日本における格安航空会社の元祖と言えるスカイマークエアラインズ（現スカイマーク）で航空業界に参入した１９９６年は、「ＬＣＣ紀元前16年」ということになってしまう。

私はＬＣＣ時代の到来を当時から見越してはいた。でも、行動に移すのが早すぎた、という理解をすることにしている。

私がひとりの旅行者だった時代から、世界ではアメリカのサウスウエスト航空のようなLCCが成功を収めていた。当時の日本は何事もアメリカを追いかけている時代で、流行やテクノロジーだけでなく、文化や制度についても5年から10年遅れを取っていた。つまり、5年か10年すれば、日本にもLCCの時代がやってくる。それは、70年代にすでにわかっていたことだった。

私は、チャンスがあれば航空会社を経営してみたいという夢を持つようになった。しかしそれには資金が必要になる。起業したばかりの私には、到底不可能だった。

しかし、80年代になっても、90年代になっても、日本にLCCはできなかった。その理由は、一言で言えば規制が強く、新規参入者が現れないからだ。よって既存の航空会社も値段を下げる必要がなかった。

日本の航空会社はエイチ・アイ・エスの重要な取引先であると同時に、なかなか価格交渉には応じてくれない存在でもあった。

できるだけ手頃な値段で旅行を提供するのは、エイチ・アイ・エスの使命である。それならば、自分で作るしかない。そしていまの私たちには、それができるはずだ。

そう思うと、やらずにはいられなくなった。もちろん誰もやったことがないことだから、危険で、うまくいかないかもしれない。でも、思いついてしまった。やらなければ後悔するに決まっている。

こうして96年、スカイマークエアラインズを設立し、当時の運輸省に新規参入のための要請を行った。

運輸省も、新規参入、規制緩和自体には前向きだった。しかし、安全対策はもちろん、ありとあらゆる分野に高度なマニュアルを要求する。日本でそのノウハウを持っているのは既存の航空会社だけだから、私たちは自分でやるしかない。書類を何百回も提出しては突き返されることの連続だった。パイロットや客室乗務員、整備士、ハンドリング要員、そして本社機能を担ってくれる人材も同様だった。経験者は既存航空会社にしかいないのだ。

外国人パイロットの採用や弾力的な運賃設定も、さまざまな規制をクリアしなければならなかった。

実は、初飛行の前日の夕方になるまで、スカイマークには正式な事業認可が下りていなかった。

それでも、初日、飛行機は飛んだ。羽田発福岡行き、1998年9月19日のことだった。

この日は九州に台風が接近し、進路によってはまさに一番機が福岡空港に着陸するころ北九州を直撃する可能性すらあった。

ようやく法的、技術的な条件をギリギリですべてクリアしたというのに、35年ぶりに日本に新しい航空会社が誕生しようとしているのに、その晴れの門出を吹き飛ばされそうになってしまったのだ。

ひたすら祈るしかなかった。飛ぶ。必ず飛ぶ。台風はそれる。それてくれ。

神なのか仏なのかわからないが、とにかくすべてに祈った。

すると、不思議なことに台風は本当に大きく北九州地方からそれていった。福岡空港に着陸したとき、一番機の機体は陽の光を受けて輝いていた。

初就航の日、その第一便機上から眺める景色は涙でかすんだ。

飛行機だって、飛ぶと思えば飛ぶものなのだ。

スカイマークは乗客の支持を得ることができた。その理由は、運賃の決まる仕組みにあった。その便の人気（需要）があるかないかで運賃が変わる。できるだけ安く飛びたく、かつ時間に余裕がある人は、空いている安いフライトを選ぶことができる。これが人気を博し、搭乗率は80～90％という高い水準で推移していた。

ところが既存の航空会社は、スカイマークが就航している路線に限って同水準まで価格を下げて対抗した。搭乗率は一気に下降した。

スカイマークと既存の航空会社では発着枠に差がありすぎるし、基盤が脆弱なうちは新しい機材も導入できない。残念だが、勝負にならなかった。

株式を上場して資金を調達し、外注していた整備や地上業務を自社で行うなどのコスト削減を徹底し、単年度で黒字に転換することができた。その後、2003年に第三者割当増資を受け、新しい経営者にバトンを渡した。現在エイチ・アイ・エスのスカイマーク株の持分は10％ほどで、2番目の株主である。

大変な苦労があったが、結果的には良かった。が、私の思いとしては、取り組むのが早すぎた、というのが正直なところだ。

それでも、決して反省はしていない。

もちろん、参入前に計算する頭が働いて、「まだ早い、ちょっと待て」と思えることも才能かもしれない。でも、私は計算して答えが出るようなことには取り組みたくない。見たことのない未来、いままでなかった世界を目指して歩いているのだから。

賢くないと言われればその通りだ。それは私自身がいちばんよく知っている。でも、誰もチャレンジしたことのないことに挑むほうが、大変だが断然面白い。そして、結果として実際ＬＣＣ時代はやってきつつあるし、そこにはいくばくかの貢献ができたはずだ。

証券会社での学び

バブル経済の崩壊は、90年代の半ばから2000年代の初頭にかけて、金融業界の大掛かりな再編を促した。なかには、破綻する名門金融機関も少なくなかった。

不正会計が発覚して自主廃業した山一證券のグループ会社であった協立証券（現エイチ・エス証券）の経営を引き受けてほしい、というM&Aの話が持ち込まれたのは、ちょうどスカイマークの初飛行に向けて奔走していたころだった。

いかにも余裕がなかった。私はお断りした。再度会社側に打診があったが、担当役員の段階で断りを入れた。

だが3か月ほど経って、三度目のお願いをされてしまったのだ。

協立証券は、前身を含めると70年もの長い歴史を持つ総合証券会社だったが、その灯が消えようとしていた。なにせ親会社を失っただけでなく、その時点では7期連続の赤字を計上していたのだ。

証券会社などまったくの門外漢であった私だが、すでに述べた通り、誠意を尽くされた上で、かつ三回目のお願いをされてしまうと、どうしても弱い。そこで私は引き受けることにし、エイチ・アイ・エスの役員会に諮った。すると、やはり財務内容の悪さから猛反対を受けた。反対されれば燃えるのが私の常だが、このときばかりは、冷静な目を持っている役員たちを誇りに思った。

そこで、当初は私個人が出資を引き受けることとして経営を始めた。個人旅行者に航空券を安く提供するのと同様、個人投資家に株式取引を安価な手数料で提供すること、旅行と金融を結びつけた事業を行うこと、そして主幹事証券（株式上場などの場合に株の募集や売り出しの業務を引き受ける中心となる証券会社）として、ベンチャー企業の上場や資金調達を支援することを使命とした。

ところがいま私が痛感しているのは、金融は自分にとって、いちばんの得意分野ではない、ということだ。

主幹事証券として関わってきた株式上場から、他の幹事証券がすべて引き上げたこと、サブプライム問題で明らかになった金融商品の問題、そして、他社から引きずっていたトラブルが引き金とはいえ、私が社に招いたある優秀な人物が突然亡くなったことなどマイナス要素のできごとが続いたのも事実だ。

誤解のないように書いておくが、いまはエイチ・エス証券という名前になっているこの証券会社は、上場も果たし、利益も出している。

その上で、なお私が感じてしまったのは、金融、とりわけ証券業界が持っている、お金がお金を稼ぐ仕組み、法令の抜け道をいち早く突くという考え方、そして自己の利益を最優先する風土が、どうしても自分にはマッチしないということだった。

私は、とにかくお客様を喜ばせることをしたい。お金を払う人と受け取る人全員が心からハッピーになれる仕事をしていきたい。そういう強い思いを、金融に関わったことによって再確認することができた。

証券会社の経営をめぐって感じたことについては、項を変えて述べることにする。

いずれにせよ、私には、人に喜びや感動を与えることのほうが向いている気がする。金融は経済を活性化させる血液であり、経済を支える要であるため、経営は大変難しいところがあると感じた。

第2章
ハウステンボス
新たな挑戦

1 ハウステンボス前夜

また三度頼まれて……

私の現在のチャレンジは、ここ、長崎県佐世保市のハウステンボスの立て直しだ。従業員の頑張り、関係者のご支援、そしてお客様からのご支持をいただき、業績面では初めての黒字に転換し、結果を残し始めている。

ハウステンボスについて、多くの方に尋ねられるのは、以下の2点だ。

まず、なぜ「万年赤字」で、誰が取り組んでもうまくいかなかったハウステンボスの経営に取り組もうと考えたのか?

そして、どうやって立て直したのか?

この章では、ハウステンボスをめぐって私がチャレンジしてきたことを、詳しく述べていくことにしたい。

なぜハウステンボスの経営を引き受けたのか。その答えが「三度頼まれたから」だということは既に述べたとおりだ。

これは私自身も、どうかすると自分の弱点だと把握している。礼を尽くされ、頭を下げられ、何とか助けてほしいと言われると、どうしてもノーと言えなくなってしまう自分がいるのだ。だから、このことは、秘密にしておいてほしい。

澤田に3回頼み込めば何とかしてくれる、と誤解されないように述べておくが、近年は、私もできるだけ依頼を受けないように「自制」しているし、エイチ・アイ・エスの幹部たちも、頼みに来る方を私になるべく会わせないようにしている。

だが、そうした「障害」を乗り越えて、私に期待してくださったのが、佐世保市の朝長則男市長だった。

２００９年の秋に最初の依頼を受けたときは、経営に参画することなど、到底考えられなかった。

ハウステンボスには、経営破綻した後に一度視察に訪れたことがある。ハウステンボス再建に挑んだ2社目の企業である野村プリンシパル・ファイナンスが乗り出した直後で、招待を受けたのだ。

そのときの印象は、実によくできていて、とてもきれい、というものだった。私はドイツで暮らし、オランダを含めヨーロッパ各国を旅して街を見てきたが、〝本家〟よりもよほど清潔で、ゴミも落ちていない。要するに、本物のオランダよりも、よりオランダっぽい出来に見えたのだ。

と同時に、これだけ立派なお金のかかった施設を作ってしまった以上、維持していくには大変な経費がかかるだろうという印象を抱いた。ハウステンボス以外にも、外国の文化をコンセプトにしたテーマパークは複数あるが、うまくいっているところは少ない。きっとこれからの再建も一筋縄ではいかないのだろうな、と思った記憶が残っている。

その案件が私の前に持ち込まれているのだった。しかも、野村プリンシパル・ファイナンスは、プロの経営者やコンサルタントを使ってテコ入れしたにもかかわらず、すでに数百億円規模の損失を出していたのだ。

朝長市長の2度にわたる依頼に対しては、エイチ・アイ・エスが旅行業としてできることについては協力を惜しまないものの、経営に乗り出すことは考えにくい、とお伝えした。同時に、当時は九州財界が経営を引き受けるかどうかも議論されていた。地元の皆さんで再建できるのなら、そのほうがいいに決まっている。

しかし冬を前にして、九州財界も引き受けないことが決まり、朝長市長は、恐らく断腸の思いで三度目の依頼にいらっしゃったのだと思う。

だが、いかに情に弱い私でも、ハウステンボスはその場で即決できるような案件ではなかった。いくら引き受けたい気持ちがあっても、私は上場企業の経営者だ。検討の結果再生の道筋が見え、それを人に説明できなければ、どうしても受けることはできない。

一方で、私が経営参画を断れば、恐らくハウステンボスは閉鎖されてしまうだろうという思いもあった。

ハウステンボスは、１５２万平方メートルという、東京ドームの実に30倍を超える広さに、石畳や建材のレンガにこだわり、２２００億円ものお金を投じて建設された古いオランダの街並みである。

私も旅行業、観光業で生きてきた人間だから、もしハウステンボスが消えてしまえば、九州北部の観光業が大きな打撃を受けること、地元の雇用が数千人規模で失われてしまうことは理解できる。ハウステンボスの従業員だけで約１０００人。取引先もほとんどが地元企業なのだ。悩ましかった。

引き受ければ責任は重大だ。しっかり判断しなければならない。私は、調査、検討のための時間がほしいとお願いした。

事前の調査と債務交渉

1992年の開業以来、ハウステンボスは一度も黒字を出したことがなかった。大金をかけて立派な施設を作りながら、どうして毎年赤字なのか。その理由、問題点が私なりに理解できて、解決方法を立てられなければ、失敗することが目に見えている。

まずは、いざ経営を引き受けた後、単年度で収支が黒字になる見込みがあるかどうかの判断をしなければならない。そこでハウステンボスの収支に関する数字を見せてもらい、問題点を洗い出した。その上で現地に出かけ、実際にどういう形で改良すればいいのかをチェックした。

だが、最初はまったくポジティブな要素が見当たらなかった。佐世保市は、首都圏からも関西圏からも遠く離れている。直通の特急電車で結ばれている福岡からでも、2時間近くの時間を要する。

そして、九州北部の経済圏は大きくない。ハウステンボスと東京ディズニーリゾートの商圏を比較すると、ほぼ20分の1だ。

仮に首都圏から一度はお客様を呼ぶことができても、リピーターにしていくのは非常に難しい。どれだけハウステンボスを気に入っていただいても、また来ようと思っていただいても、東京駅から電車で20分、数百円で行けてしまうディズニーとは根本的に勝負にならない。ハウステンボスは、長崎空港からですら1時間近くかかってしまうのだ。

その上、私が初めてハウステンボスに来たときよりも確実に施設や設備の老朽化が進んでしまっていた。手を入れなければならない案件がたくさんあるのに、お金はないのだ。

再生のためのポイントは2点あるように感じられた。まず、いままでの「オランダの街並みを忠実に再現し、オランダに行かずとも雰囲気が味わえる」というコンセプトを超える価値を創り出さなければならないこと。そして、思い切って手を打っていくには、収支の改善はもちろん、これまで背負ってきた金銭面での問題をあらかじめ除いておく必要があるということだった。

そこで、ハウステンボスが抱えてきた負債を整理してもらえるかどうかの交渉を、金融機関と行った。結果、債務の8割を放棄してもらうことができた。そして残りは、100%減資するさい、新たに九州財界5社から出資していただいたお金を使って返済し、私が就任するまでに借金をゼロにすることができた。

さらに、佐世保市からは、ハウステンボスにかかる固定資産税に相当する額を、再生支援交付金として、10年間にわたり受け取ることも決まった。

こうなれば、少なくとも単年度で黒字を出していれば倒産はしない。同時に、無借金経営はエイチ・アイ・エス・グループの方針でもあった。

後は私の考えさえ間違っていなければ、必ず再生できる。その確信が得られ、初めて前向きな気持ちになれたのだった。

難問ほど面白い

ここまで事前の環境作りにこだわったのは、エイチ・アイ・エスの幹部を納得させなければならないという理由もあった。当たり前だが、彼らはこぞって猛反対していたのだ。

私の古くからの友人も、ほとんどが否定的だった。彼らは心から私の心配をしてくれている人たちだった。

もちろん、彼らの考えのほうが正しい。まず、当時のエイチ・アイ・エスは世界戦略を始めたばかりだった。2004年に会長に退いたとはいえ、会社ぐるみで新しいチャレンジをしているなかで、幹部たちは私に当然後方支援を期待していたはずである。

ただでさえ忙しくなるのに、なぜわざわざ東京ではなく長崎に行くことを選ぶのか。冗談ではない。やめてほしい。それが彼らの偽らざる本音だったはずだ。

それでも、大きな利益が生み出せればいいが、そんな保証はない。金銭的に損をしなくても、時間ばかりかかって苦労しか得られないかもしれない。まして失敗したら、間違いなく後ろ指をさされてしまう。私個人だけでなく、エイチ・アイ・エスにネガティブなイメージを与えてしまいかねないのだ。

だが、繰り返すが、しようとしていることに反対されるとどうしても燃えてしまうのが、私のもうひとつの弱点だ。我ながら、賢くないと思う。

難しい案件であればあるほど本気になる。周囲に何か言われると、結局火に油を注ぐことになる。生まれつきのあまのじゃくだ。

しかしながら、ハウステンボスは私にとって久々の「難問」だった。感覚としては、スカイマークの初飛行や、同社の経営を譲渡する際に黒字化したとき以来のスケール感があった。

難問ほど面白い。だからこそ、チャレンジしてみたい。

ハウステンボスの調査に4か月近い時間をかけたのも、前述のように、反対する人たちに納得してもらうためだった。現状赤字である事業を、どうすれば黒字化できるのか。どこをコストカットできるのか。どんな新規事業に取り組めばいいのか。

戦う前に、戦う相手の実像をできるだけ把握し、対策を立てる。私は無鉄砲で情に流されやすい自分の性格をわかっているからこそ、その点には気を配った。

当初は私がグランドデザインを考えた上で、経営は若手に任せようとも考えたが、実際は誰も手を挙げなかったし、九州にも引き受けてくださる方が見つからなかった。

こうなれば、自分でやるしかない。私は覚悟を決め、もうなることはないと考えていた「社長」（ハウステンボス社長）となって、経営の最前線に立つことにした。

2 何が問題だったのか

「本物のオランダ」以上の価値

ハウステンボス再生のための最初のポイントは、いままでのコンセプトを超えることにある。この点を、もう少し詳しく述べてみたい。

まるで現地に行ったかのような、美しいオランダの街並み。ハウステンボスの「売り」は、ヨーロッパ暮らしの経験が長い私も納得できるクオリティだ。

創業当時は、そのコンセプトで良かった。私のような物好きはさておき、多くの日本人にとって、オランダは遥か彼方にある国で、一生に一度も訪れる可能性がない人がほとんどの場所だったからだ。

これはオランダに限った話ではない。80年代半ばまでは円の力は弱かったし、それ以降も航空券の値段は簡単には下がらなかった。

ところが、ハウステンボスが開業した1992年ごろには、すでにエイチ・アイ・エスの急成長は始まっていた。つまり、格安航空券や格安ツアーが人々の支持を受け、どんどん広がっているさなかだったのだ。安い価格で「本物の」海外を旅することができるという事実に、多くの人が気づき始めた。時期さえ選べば、東京からハウステンボスに行く金額に少々プラスすれば、本物のオランダにも行けてしまう。こうなってしまうと、本物のオランダに行きたくなるのが当然だろう。他の外国を模したテーマパークも同様の問題にさらされ、次第に物珍しさを失いつつあった。

ハウステンボスの価値が次第に色あせていった原因は、エイチ・アイ・エスにあったのかもしれないと思うと、皮肉な話ではある。だからこそ、ハウステンボスでそれまでのコンセプトをそのまま継承することはできなかった。

つまり、ハウステンボスには「本物のオランダ」という価値以上のものを創り出さなければ、お客様は来てくれないのだ。

だからと言って、これから何に取り組めばいいのかは、正直手探りだった。

無料でもダメ

ハウステンボスの場内を回ると、至るところに問題があった。

まず、採算がとれずに閉鎖しているエリアがあった。柵を設けて立入禁止にしているから、まさにゴーストタウンさながら。夜など、怖さを感じてしまうほどだった。しかしそのエリアを開ければ清掃や照明、警備などの維持費がかかってしまうため、赤字が続くなかでは閉鎖せざるを得なかったのだ。

理屈の上では仕方のないことだったのだろうが、いかにも不景気で、お客様の目にも落ち目だということが明らかになってしまう。楽しくあるはずのアミューズメントパークなのに、いかにも雰囲気が暗い。入場者はますます減っていき、テナントも撤退する。するとますます維持が難しくなる……という悪循環にはまってしまっていた。

とにかく、夜の恐ろしさは何とかしなければならない。閉鎖しているエリアだけでなく、入場者が減ってしまえば、敷地が広大なだけに、なおさら活気のなさ、寂しさを感じさせてしまう。

そこで、試しに、3か月間だけの暫定措置として、17時以降の入場料を無料にしてみた。仮に1円もお金を落としてくれなくても、多くの人が場内をめぐってくれれば活気が出る。そんな考えからだった。

ところが、なんと、まったく入場者は増えなかった。大失敗だ。そんな馬鹿な、という思いだった。

航空券は、値段を下げれば下げるほど喜ばれる。しかし、テーマパークが提供している価値は、そういうものではなかった。お金をかけ、ハウステンボスに来ていただくことの価値を作らなければならないのだ。

そこで今度は、700万球のイルミネーションを用意して「光の王国」を作り、実際の建物の壁に3D映像を投射し、まるで建物が動いているかのように見えるショーを用意するなど、夜にしか楽しめないアトラクションを充実させ、思い切ってそれまで閉鎖していたショップを再びオープンさせてみた。

当初、夕方以降の入場料を無料から1000円に引き上げた。それでも、無料でほとんどテコ入れをしていなかった頃と比べると格段にお客様の数が増えていった。では、2000円なら、2500円なら？　もちろんこの間、あの手この手で夜に楽しめる仕掛けを追加で投入したのだが、不思議なことに値上げするたびにお客様の数は増えていったのだった。

現在では、夕方以降の入場のみの場合大人2800円に設定している。

要するに、中身がなければたとえ無料でもダメなのだ。テーマパークというのは、値段がいくらであろうと結局は中身であって、行っても何もない、楽しくないのなら、時間の無駄だからタダでも行かない。当然のことだ。

まずい食べものには1円も払いたくない。口にすら入れたくない。しかし経験したことのないおいしさであれば、ある程度払っても十分納得がいく。テーマパークもそれとよく似ている。いくら安くしても、いくら宣伝がうまくても、実際に足を運んでがっかりされれば、二度と来てくれなくなる。

まして、ハウステンボスには地の利がないという大きなハンデがある。中途半端なアトラクション、中途半端なイベントでは、数百人しか集められない。首都圏なら数千人集まるものでも、ここではその程度の結果しか出ないのだ。

エイチ・アイ・エスは安くすることには長けていたが、テーマパーク業界ではその理論では生き残れないことに気づかされた。成功と失敗を繰り返しながら、次第に成功のコツをつかんでいった。

経費2割カット、1・2倍速の仕事

新しい価値の付加と並んで重要なポイントは、経費の徹底的な見直しだった。私は事前の調査で、ハウステンボスの魅力を増すことによって2割の増収を達成すると同時に、2割の経費カットを行わなければならないと感じていた。開業から20年が経過し、建物は古くなっている。修理やリノベーションが欠かせない。そのためには資金が必要だ。ビジネスである以上、当然収支のバランスは考えなければならない。一方でただコストをカットしただけではお客様を裏切ってしまう。このバランスが、実に難しいのだ。

ハウステンボスは花の美しさが売りなのだが、仕入れ価格を徹底的に見直した。実は当初、花はコストがかかりすぎるため、やめてしまおうかとも考えていたのだが、私自身が実際に花で満たされた場内を歩いてみて、これは続けるべきだと強く感じた。

写真で見るのと実際に歩くのでは、やはり違う。彩りの鮮やかさ、香り。それは日本のどこよりも優れているものだったからだ。

そこで、仕入れ価格を下げる交渉を行い、1億円ほどのコストカットに成功した。要するに、やればできるのだ。私も細かくチェックしたし、従業員にもあらゆる経費の2割カットを目標に見直すよう指示した。

それでも、どうしても削れない案件や部署もある。そこで私は、経費を削れないのであれば、「1・2倍速く動く」ことを従業員に求めた。

1時間かけていた仕事は45分、50分で行う。広大な場内を移動するだけでも結構な時間を要するが、そのスピードを2割上げる。歩けば15分かかるところも、自転車なら5分で済むようになる。

もっとも、ストップウォッチを持っていままでの時間と比較するわけにもいかない。そこで私自身が模範を示すために、広大な敷地内を電気自動車で行動し、すべてにおいてスピード感をもって、時間の無駄をなくしてほしいと訴えた。また、システムの自動化など効率化を進めた。安全に配慮しながら必要性の薄い警備をカメラなどに切り替え、照明をLED化し、いらない部署は閉鎖した。

3　新しい取り組み

音楽の重要さ

もうひとつ、私がハウステンボスに来たとき、強く感じたのは「音のなさ」だった。

ハウステンボスの広大な敷地は埋立地で、要するに海に面した工業用団地を土壌改良した場所だ。そこにオランダの街並みが広がっている。

ところが、経営不振というくらいだから、お客様の姿は少ない。ＢＧＭを一切流してないため、何とも言えない静寂に包まれる。

昼間はまだしも、夜になると一段とお客様が少なくなってしまい、聞こえるのは風の音ばかりになってしまう。前に述べたように、寂しさを通り越して少し怖さを感じてしまうくらいだった。

とりあえず、倉庫にしまってあったスピーカーを引っ張り出してきて、みんなで手作業であちこちに取り付け、ＢＧＭを流すことにした。いまでは、ハウステンボスのどこを歩いていても、必ず華やかな音楽が聞こえてくるようになっている。

業績が回復してきたので、これからはスピーカーを良い物に入れ替えていったり、場所によってＢＧＭにテーマ性を持たせたりするなど、新たな仕掛けを行いたいと思っている。

自然の摂理から考えれば、もっとも好ましいのは本物の音楽を聴いてもらうことだ。場内でヨーロッパから招いたプロの音楽家が生演奏を聞かせてくれるイベントも行っている。

一方で、お化け屋敷のようだと言われていた閉鎖中のエリアは、それこそ作り物には決して出せない恐怖感を醸し出していたから、いっそのこと「本物」にしてしまおうと、「スリラ

スリラー･ファンタジー・ミュージアムを彩るイルミネーションは音楽と連動。

ー・ファンタジー・ミュージアム」と名付け、〝明るいお化け屋敷〟を建てることにした。

そして夜には、音楽とシンクロしたイルミネーションを仕掛けた一画を設け、昼間とは一味違う幻想感を出すようにした。

いまでは夜のハウステンボスの目玉の一つとなっている。

フリーゾーンを設ける

現在、ハウステンボスの面積のおよそ3分の1は、入場料のかからない「フリーゾーン」である。

これは、無料のゾーンを作ればお客様を集めやすい、というのが主な理由ではない。あまりに広すぎるハウステンボスにおいて、選択と集中を図るための手段である。

すべてが入場料のかかるエリアであれば、一定のメンテナンスを続けなければならない。そうしなければクレームの対象になる。

そこで一部は入場料を無料とし、メンテナンスにかけるコストをある程度下げて、捻出したリソースを有料ゾーンに振り向けるのだ。

割り切ってしまえば、入場料が無料であれば、そこに店があろうとなかろうと、賑わっていてもいなくても不満は生じない。そのぶん、入場料の必要な場所の質を上げていくことができる。質が上がれば、賑わいは戻っていく。

と同時に、フリーゾーンでは、それまでのハウステンボスでは手がけづらかった新しい試みを手がけやすくなる。

「ＯＮＥ　ＰＩＥＣＥ（ワンピース）」は、海賊たちが活躍する人気コミックだが、この中に登場する主人公たちの船、「サウザンド・サニー号」を再現したアトラクションが大人気だ。ただ乗るだけでなく、本当に航海する。施設が海に面している強みだ。

これはフリーゾーンにある代わり、乗船料はまったく別料金となる。

ただ、フリーゾーンが担っている役割は、いままでとは異なる色合いのアトラクションを行うというだけではない。単なるオランダの街並みを再現したテーマパークというコンセプトを超えるフックとして私が考えた「観光ビジネス都市」を、将来的に実現する場なのだ。

「観光ビジネス都市」計画

観光ビジネス都市とは、ハウステンボス全体を、単なるテーマパークではなくひとつの観光都市にするという考え方だ。ただ単にお客様に来ていただき、遊んでいただくのではなく、そこでビジネスが生まれ、あるいはそこでビジネスをすることに価値がある場所になること。その主体は、別にハウステンボスでなくても構わない。外部からどんどん活力とアイディアを呼び込めればいい。

そこで手始めに、フリーゾーンには、新しいベンチャー企業や地元企業を招くことにした。いくつか例を紹介しよう。

まずは「イングリッシュ・スクエア」、つまり「英語広場」だ。英語しか使えないエリアを設け、そのなかでは実際にネイティブの外国人が友だちのように相手をしてくれる。

佐世保にはアメリカ海軍の基地があり、実はハウステンボスのすぐ近くに宿舎もある。ところが、アメリカ軍人の奥様方は時間に余裕のある方も多いのに、地元の人々と触れ合う機会がなかなかない。一方で、日本人は英語の文法をいくら学んでも、耳や口を使う機会に恵まれないため、会話力がついてこない。

双方がハッピーになれることはないか。

せっかく近くにいるのだから、ハウステンボスのフリーゾーンを通して両者が触れ合い、そこにビジネスが生まれるといい。「イングリッシュ・スクエア」はそんな発想から生まれた試みだ。

最近では、生の英語に触れるために、学校単位で子どもたちが訪れるようになってきている。

今後はビジネスパーソン向けのコースも検討している。

しかしこの事業に取り組んでいるのは、ハウステンボスではなく、外部のベンチャー企業である。私たちは場所を提供しているだけ。もっとも、この種のサービスは私たちには思いつきようがない。こうしたコラボが、いままでのテーマパークにはなかった、「教育観光」とでも言うべき新しい価値を生み出しつつある。

そこまで堅苦しくないものもある。たとえば、フリーゾーン内で古武術を教えているベンチャー企業。子ども向けに手裏剣投げや居合いを教えているのだが、なかなか好評のようで、多くのお客様を集めている。

私たちは、当初はテナント料を非常に安く設定するか、場合によっては無料にすることでできるだけ多くのベンチャーのアイディアを集めようとしている。つまり、アイディアだけ持ってきてもらえればいい。そして1年経てば、売り上げのなかから決まった額をテナント料として納めてもらう。残念ながら成果が上がらなければ、順番を待っている他のベンチャーと交代してもらう。

ベンチャー同士で競争が生まれる。私たちからスカウトもするから、新陳代謝が進む。どんどんにぎやかになるし、お客様にとっても来るたびにやっていることが変わっていて、リピートにつながる、という好循環だ。

今後は、医療観光にも取り組むつもりだ。日本で医療を受けたいと考える、主としてアジア圏の人々の受け皿として、ハウステンボスが日本一の「都市」になる。ゆっくり滞在していただき、最先端の医療とともに、癒しのイベントや、おいしい食事を楽しんでもらえる機会を提供する。

また、温泉施設もフリーゾーンに設ける予定になっている。当初はヨーロッパの街並みに温泉施設は合わないという声もあったのだが、これはフリーゾーンならではの思い切った取り組みができる好例だ。

すでに敷地内で源泉を掘り当てていて、あとは上物を作るだけになっている。ハウステンボスの景観に配慮した外装を心がけながら、中にはできるだけ貸切の風呂を多く設け、家族で楽しめる施設になる予定だ。

これらも、ベンチャー企業が運営する施設である。

外部企業とのコラボは、何もフリーゾーンに限った話ではない。

新しい施設として目に付く「白い観覧車」は、実は外部企業とのコラボでできたもの。

また、「5Dミラクルツアー」というアトラクションは、シャープの映像技術を駆使した、浮遊感を味わえるアトラクションだが、これもコラボの成果である。

フリーゾーンは、一見夕方以降の入園料無料の取り組みと矛盾するように思えるかもしれないが、狙いは大きく異なる。その裏返しとして、有料ゾーンの質の向上にも役だっているからだ。もちろんフリーゾーンを今後ずっとそのままにすると決めているわけではない。業績が回復し、フリーゾーンも賑わってきている。自力でアトラクションを運営できる余裕も出てきた。今後は再びコストをかける作戦に戻る可能性もある。

テーマパークの旬は、何もしなければせいぜい5年である。その間に次の投資ができる収支構造を作れなければ、あとは価値が下がる一方になってしまう。

こうした形で、コストを下げながら、テーマパーク以外の価値を付加していくのが「観光ビジネス都市」の姿だ。ベンチャー企業が事業を成功させていくことによって、観光とビジネスが一体となる。それはもはやテーマパークではなく都市だ。言うなれば、都市の中にテーマパークがある形にしたい。他の企業が集まり、いままで来たことのないお客様も引き寄せられ、どんどん賑わいが増していく。それが私の理想とする「観光ビジネス都市」なのだ。

日本一、東洋一、世界一

コストがかかるため、一度はやめようとも考えた花と庭園だが、やるからには、コストとも相談しながら、お客様を感動させるくらいのすごいものをお見せしなければならないと感じた。

ただ、バラがあります、きれいですよ、と言うだけでは、わざわざハウステンボスまで足を運んではくださらない。また、いくら上手に宣伝しても、実際に来てみて「何だ、この程度か」と思われれば、二度と訪れてはくれないだろう。

良いキャッチフレーズに、そこからイメージされるレベルを大きく超える感動が重なって、初めて納得していただけるのだ。

いまハウステンボスの花のメインイベントとなっているのは、ゴールデンウィークから梅雨入り前にかけて行われる「100万本のバラ祭」である。すべて自然開花だから、その年の天候によって前後させられるのが難しいところだが、概ね5月中旬から下旬にかけてがもっとも美しい時期になる。

100万本という本数は国内最大規模になる。具体的な本数をアピールすること、そしてそれが、わかりやすく言えば日本一とか東洋一、できることなら世界一であることがとても大切だ。それならお客様も、わざわざハウステンボスまで行ってみようか、という気持ちになってくれる。

そして実際、100万本のバラで彩られた場内は、想像を絶する美しさだ。通りや建物、運河などが、まさにバラで埋め尽くされる。バラの中を歩くことができる。美しいだけではない。その香りは強烈な印象を与えるはずだ。

東洋一、世界一には、これからもこだわりたいと考えている。たとえば、秋から冬にかけての夜の場内を彩るのは何と言ってもイルミネーションだ。どうすればもっと魅力を増すことができるだろうかと考えていたら、フランスのリヨンにはヨーロッパ最大の光の祭典があり、多くの観光客を集めているということを知った。

後で述べるが、私はいまでも旅行が大好きだ。しかし現役の経営者である以上、個人的に行きたい場所ばかりに行くわけにはいかない。ところが、ハウステンボスのためになりそうな、世界一の○○、ヨーロッパ一の○○、東洋一の○○を知ると、できるだけ自分の目で見て、どのくらい感動するものなのか、ハウステンボスでそれ以上のことができないかを考えるために旅行に出かける「口実」ができる。これはハウス

四季それぞれの花が人気のハウステンボスで、ひときわ華やかな「100万本のバラ祭」。

テンボスのためになるし、私自身の見聞が広がり、良い気分転換にもなる。

私は実際にリヨンに出かけ、光の街の素晴らしさにたくさんのインスピレーションをもらって帰ってきた。

4　意識改革

「勝ち戦」を知らない社員たち

施設面や運用面での改革、コストカットなどは、事前にも十分調べた上で進めてきたが、実際にハウステンボスにやってきて感じた最大の問題は、やはり従業員の気持ち、モチベーションが下がり切ってしまっていることだった。

元気がなく、いわば負け癖がついている状態だ。無理もない。実際に開業以来18年間赤字が続いていたのだから。黒字になったことがないから、実際にどうすれば黒字になるのか、あるいは自分が何を頑張れば黒字に結びつくのかがわからず、新しいことにも取り組めていなかった。もちろん、ボーナスも久しく出ていなかった。

……また経営陣が変わるらしい。今度はエイチ・アイ・エスの澤田か。経営者が変わるのは何回目だろうか？　まあ潰れなかっただけでよしとしよう。でも、誰が来てもうまくいかないだろう。いままでだってそうだったんだから……。私が初めて目にした従業員の表情からは、こんな気持ちが透けて見えた。とにかく、お客様が楽しさや感動を求めてやってくる場所の従業員なのに、決定的に明るさや元気がなかった。無理もない。前述のように、社員たちは「負け戦」ばかりで「勝ち戦」をほとんど知らないのだ。

万年赤字企業の再生に取り組むのだから、やらなければならない課題は山積している。ところが、肝心の従業員に元気がなければ、何も始まらない。

従業員から負け癖を抜くには、とにかく、直接話すしかなかった。私は就任後まもなく、全従業員に集まってもらった。

だが、ここで長く複雑な話をしても仕方がない。あれやこれやと細かく注文をつけたところで、自分には関係のないこととして聞き流されてしまう。結果、またできなかった、やっぱりダメだったという空気だけを濃くしてしまう危険性があった。

そこで私は、ややこしい説明はやめ、あえてポイントをシンプルにすることを心がけた。具体的には、次の3点に絞り込んだ。

①まず、ハウステンボスはお客様をお迎えする仕事なのだから、たとえ本当は大変でも、嘘でもいいから無理やり明るく元気に楽しく振る舞い、あいさつを欠かさないようにしてほしいこと。

②次に、同じくお客様商売なのだから、汚れていたらみんなで清掃をすること。そのために、これからは朝礼前に毎朝掃除をする。当然私も参加する。

③そして最後に、みんなで頑張って、売り上げ2割増、経費2割減を達成すること。実現できれば必ず黒字化する、そのときはボーナスを出す、ということだった。

リストラはしなかったが、果たして私の思いが通じるのか、不安がないわけではなかった。ハウステンボスの従業員の平均年齢は、エイチ・アイ・エスよりもずっと高い。人間年齢を重ねるに連れて柔軟性が失われていくのは、致し方ない面があるからだ。

自信がつけばすべてが変わる

最初は従業員も不安だったはずだ。それが次第に自信に変わっていったのは、いろいろなことに取り組んでいるうち、徐々に結果がついてきたからだろう。

お客様の数が増える。満足そうな表情に接する機会が増える。すると、自分もうれしくなってくる。

それが少しずつ成功体験として積み重なり、やがて自信となってさらにいい流れを呼び込む。もっと良くするために自分はどうすればいいかを、自発的に考えられるようになる。経費に気をつけ、削減できるものはどんどん削るようになる。効率的な行動を心がける。いま多くの従業員たちは、明るさを取り戻しつつある。しかし私は、まだまだ上の段階を望めると考えている。

本当に仕事が楽しくて仕方がない、自分が成長していると感じられるようになるためには、既存の従業員に対する教育と、新規採用が欠かせなくなる。そうしないと、やがて人事が淀み、疲れがたまり、逆回転し始める。

ハウステンボスは9月が決算月で、私が社長に就任した2010年9月期では年度の入場客数は150万人強だったが、翌年度には180万人まで増えている。さらに客単価も30％近く増加した。お客様の数は格段に増え、お金も使っていただいているが、スタッフの数はほぼそのままだ。これからは新卒を採用しなければならないし、既存の従業員にも、少し出てきた余裕を教育や研修という形で「投資」しなければいけないだろう。

実際に黒字を達成できたから、2011年度はボーナスを支給した。毎朝掃除しているおかげで、場内はもちろん、オフィスも少しずつきれいになっている。こうした目に見える、実感できる効果、変化をキープすることがとても大切だ。流れに乗って、他のことをどうイノベーションしたらよいのか、目の前の何に取り組めばより業績に貢献できるのかを考えられるようになるからだ。それはやがて、さらなる自信に変化していく。

5　これからの課題

上海航路とカジノの可能性

新たにハウステンボスにお客様を呼び込むための方策の一環として、ハウステンボスのグループ会社、ＨＴＢクルーズが、２０１２年2月29日から、長崎―上海間に航路を開設した。運賃は、もっとも低廉なグレードでは1万円を切る値段に設定している。航海には丸１日以上かかるが、時間さえ許せばかなり気軽な値段で日中間を往復できることになる。

この航路は、ハウステンボスの今後を考えたとき、重要な役割を担っている。

まず、長崎という場所は、繰り返しになるがどうしてもアクセスが不利だ。自分で切り開かなければ、いつまでもこの状況を打破することはできない。

一方で中国のお客様をフックにして、ハウステンボスが日本の貿易や観光の拠点になることを目指したい。ちょうど、かつての長崎のように。

まず長崎港から上海へ。「オーシャンローズ号」（約750名収容）の出港セレモニー。

もちろん、前途は多難だ。オーシャンローズ号という船は、2月から5月のテスト運行でお客様から寄せられた意見を取り入れ、リニューアル工事を経て運行しているが、輸送実績についてはまだまだと言わざるをえない。初めてのことなので問題は多いが、新しい流れを作るのに苦労がないわけはない。

私は、オープンから毎月一度乗船して、どれだけ進化しているか、改良するべき点がどこまで改良できたかを、定点観測的にチェックしている。

もうひとつの取り組みは、カジノだ。ハウステンボスにとって、もしカジノが許されれば大きな武器になりうる。すでにエンターテインメントがあり、ホテルが備わっている。カジノができるようになれば、ラスベガスやマカオのようなエンターテインメント都市になれる可能性があるのだ。

だが、佐世保市をはじめとする西九州の自治体や経済団体などが共同で国に「カジノ特区」を申請したものの、受け入れられなかった。カジノをめぐる議論はことあるごとに何度も繰り返されているが、究極的には刑法その他を改正しなければ、日本では難しいだろう。

ただ、座して待っているわけにはいかない。そこで、オーシャンローズ号にカジノの設備を作り、改装後から開始した。課題は多くても、日本での将来的な法改正に期待しつつ、努力を続けていきたい。誰もやったことのないことにこそ価値があるのだから。

ディズニーを目標にする意義

ハウステンボスについて、劇的に業績を回復させたなどとの言葉をいただくこともあるが、私にとっては、まだまだ道半ばだという感が強い。

前にも述べたが、どうしても私はハウステンボスをディズニーランドと比べたくなる。その結果は、残念ながらまだまだと言わざるを得ない。

だが、いずれ必ず抜く。サービスも、アトラクションも、そして内容も。つまり、ハウステンボスが単なるテーマパークである段階を超える日がやってくる、そこを目指して進んでいる、ということでもある。

就任以来、私はことあるごとに、嘘でもいいから明るく元気に、掃除をしよう、増収経費削減で黒字化したらボーナスを出す、という3つのポイントを繰り返していたが、前述のように、3か月ほど経ったころ、やはり従業員全体を集めた席で
「ディズニーランドを超えよう！」

と宣言した。

ディズニーの凄さは、エンターテインメントに関わる人間なら誰でも知っている。最近はディズニー流の人材教育や、感動の演出法についての書籍がブームだそうで、一般のビジネスパーソンにも、ディズニーの経営理念や凄みが伝わりつつある。

ハウステンボスがディズニーを超えるためには、あまりに課題がありすぎる。無論、残念ながらいまだ何もディズニーを超えられてはいない。

なかでも差が大きいと感じるのは、サービス面、お客様に対する従業員の対応、そしてそれを支える教育面の充実度合いである。〝まだまだ〟などと言うのもおこがましく、足元にも及んでいない。

ディズニーが持っている、従業員の意識を高く保つノウハウは、もはや単なるノウハウを超えて文化を形成している。ハウステンボスも当初と比較すれば頑張ってはいるが、残念ながら

それは「当社比」の域を脱してはいない。

しかし、大切なことは、ハウステンボスがディズニーという巨人を本気で目標にしたことにある。そんなの無理だ、馬鹿馬鹿しいと最初は多くの従業員が思ったはずだ。しかし、ひとり、またひとりと意識が変わっていることを、私は確信している。やがて加速度的に変わっていくはずだ。

経営者にできることは、そんな従業員に、教育という形でしっかり投資を継続すること、そして自分で言い出した以上、絶対にディズニーを超えてやるという熱い思いを、機会があるたびに繰り返すことではないかと思う。

地元企業として

ハウステンボスの経営を引き受ける際、私はどうしても、地元の雇用を守るというポイントを外して判断することはできなかった。

佐世保の都市圏人口は、概ね25万人である。そのなかで、ハウステンボスの従業員数は約1000人だ。さらに造園や警備、修繕、飲食など、外注している業務も多い。正確にはわからないが、2000〜3000人の方にハウステンボスに関係する仕事をしていただいているのではないだろうか。すべての方が佐世保周辺の住民ではないかもしれないが、ハウステンボスが地元佐世保において、雇用面でどのくらいのインパクトを持っているかはご理解いただけると思う。

私は経営者だから、もちろん雇用を守ることを最重点に考えたわけではない。事業である以上、利益を確保できなければ意味がなく、利益なくしては結局雇用を守ることはできないからだ。

ハウステンボス経営の難しさは、すでにある観光資源と設備を活用しながら、どうやって佐世保の経済、そして長崎、九州、日本の観光業に良い影響を与えるかであると思う。いささか壮大に過ぎるテーマかもしれないが、そのくらいの気持ちを持たなければ、取り組むことはできなかった。

そして、私が本当に立て直したかったのは、ハウステンボスそのものよりも、ハウステンボスをめぐる人々の心持ちだと思っている。

お金を払ってわざわざご来場いただいたお客様に、最大限喜んでいただく、楽しんでいただく、満足していただく、感動していただくこと。お客様の顔はいつも目の前にあるのだから、そこを見逃さないことが大切だ。それこそが従業員の使命であり、最大の喜びであるということを、私は飽きずに伝えていきたい。

みんながハッピーでなければ、ビジネスは成り立たない。従業員だけハッピーでも、お客様だけハッピーでも、会社が潰れては仕方がない。逆に、会社だけが儲けても必ずしっぺ返しを食う。お客様も、従業員も、取引先も、会社や株主も、そして地域も良くなっていくバランスを探ること。それこそが持続可能な企業の姿だ。

お気づきのようにそれは、ドイツで学んだ私のビジネス哲学の原点だ。

後進を育てること

私は2004年にエイチ・アイ・エスの会長となり、社長は後進に任せてきた。他のさまざまな関連会社も同様だ。ときにはいろいろと指導し、ときには見守りながら、経営者を育ててきた。

今回ハウステンボスの再建を任されるにあたって、久々に社長、つまりプレイングマネージャーに戻ったことになる。既に述べた通り、当初は自ら社長を務めるつもりはなく、40代くらいの若い人間が適任と思っていたのだが、その一方で、本音を言うと、久しぶりに自分自身で取り組んでみたいという気持ちになってしまったことも事実だ。裏を返せば、それだけの難問だったということでもある。

しかし、実際はやや心配し過ぎだったのかもしれない。すでにハウステンボスは黒字化し、恐らく今後そのレベルはもっと高くなっていくだろう。

本当ならば、私が社長であるより、もっと若い人のほうがいいに決まっている。実際、エイチ・アイ・エスではすでに若い経営陣や幹部たちが大活躍していて、もう私が口を出す必要はほとんどない。第一、時代の移り変わりが激しいのだから、若い人のほうが感性も体力も優れていて、早く対応できるに決まっている。あとは経験値さえ蓄積できればいい。私の役目は、会社が大きく道を曲げてしまいそうなとき、ものの考え方がずれ始めたときに、一声かけてあげることだけだ。

道半ばだが、道筋はついた。このまま頑張れば、ハウステンボスは少なくとも5年、おそらく10年くらいは順調に成長できるはずだ。いまはまだ「病み上がり」で、100点満点評価で言えば60点に満たない。しかしもう赤字になることはないだろうし、60点、70点を超えるのは時間の問題だと思う。

そのときこそ、ハウステンボスで頑張ってきた若い人の出番だ。

彼らこそが、本当にお客様が喜び、社業を発展させる次のチャレンジを見つけ出し、新しい価値を作り出せる。

いまつき始めた自信が揺るぎなくなれば、やがてプライドに変わる。そこまで行けたなら、私がハウステンボスに泊まり込む必要はなくなるはずだ。

第3章

大切な失敗、大切な夢

1 さまざまな失敗と対処法

本当の失敗とは

当初ハウステンボスの従業員たちに自信がなく、表情にも態度にも元気が感じられなかった大きな理由は、「自分たちは失敗している、今後もうまくいかないだろう」という思い込みだった。

ここで私が指摘したいのは、実際に失敗したことと、失敗した結果今後もうまくいかないと思い込み、暗い表情をして、新たな挑戦を諦めてしまうことには大きな違いがあるという点だ。なぜ難関ばかりに挑むのか、とよく聞かれる。私はよほど失敗を恐れない人間に見えるらしい。

私だって失敗は嫌だし、つらいものだ。できれば避けて通りたい。それでも私の人生ははっきり言って失敗の連続である。それは、若いときもいまも変わっていない。

私は失敗そのものを嫌う以上に、失敗することを恐れてチャレンジをしなくなることを嫌う。私自身、たとえ失敗するかもしれないと思っても、思いついたならば挑戦するほうを選んでしまう。

しかし、以前も述べたが、実際には多くの人が失敗を恐れてチャレンジをしない。本当にもったいないことだ。そしてこれは、日本経済がなかなか回復しない原因のひとつであると思う。**まず、失敗するのは悪いことではない。むしろ、後から振り返れば、以前に失敗したからこそ、そこで得られた経験を活かして大きな成功を収められたという構造になっていることが大半なのだ。**

しかし、多くの人は失敗したという事実をつきつけられると、乗り越えられなくなってしまう。失敗は確かにつらいし、悔しい。誰だって、できることなら失敗はしたくない。そんな思いに心をつかまれてしまい、身動きがとれなくなる。

本当の問題は、その後のビジネス、そして人生において、失敗を活かすことができるかどうかだ。

活かせない人は、失敗を必要以上に重く受け止めて暗くなってしまう。やる気をなくし、元気を失ってしまうことによって、やがて「本当に」状況が悪くなり、二度とチャンスが巡ってこなくなってしまう。

本当に恐れなければいけないのは、失敗することそのものではなく、失敗をしたことによって受ける、精神的な悪い影響なのだ。

私が成功者なのかどうかはわからないが、ここに至るまでに私は間違いなく数々の失敗をしてきた。それはハウステンボスでも同じである。それでもこうして、事業を続けられている。失敗することはそれほど恐れるべきではないし、失敗したところでリカバリーは十分できることを、私は保証する。

この章では、私が経験したさまざまな失敗、そしてどう対処したかを振り返ってみたい。読者には、「こんなに失敗しても大丈夫なのか」、「それならひとつ、失敗を恐れずにやってみようか」と思っていただけたらうれしい。

失敗は成功の母

私が、自分のビジネスの経験から自信を持って言えるのは、どんな事業も、最初から簡単にうまくいくことはない、ということだ。失敗と問題発生、解決の連続なのだ。

言い方を変えれば、事業をしている以上失敗することはごく普通で、当たり前で、日常茶飯事なのだ。

エジソンは何百回という失敗を乗り越えて電球を発明した。最後までたどりつけたのには、そもそものエジソンの優秀さがあったのだろうが、結局は失敗があっても、問題が起きても、乗り越え、解決することを続けられたからこそ発明にまで至ったのだ。失敗の中から新たなヒントを見出し、次に試すべき方法を感じ取れるかどうか。まさに「失敗は成功の母」なのだ。これは、一度理解できればとても簡単な法則になる。あとは、ひたすら邁進すればいいだけなのだから。

ところが、びっくりするくらい多くの人が、失敗や解決しなければならない問題に直面すると、暗くなったり、あきらめたりしてしまう。

人間だから、一生懸命取り組んだことなのに、全力でぶつかったのに失敗したら、暗くなるのは当然だ。そして嫌になってしまう。私だってそうだ。

しかし、結局人間のすべての元は、元気である。暗くなり嫌になって失うものは、この元気なのだ。

元気がなくなると、覇気がなくなり、表情が暗くなる。後ろ向きなことばかり考え始め、できない理由ばかりを語り始める。すると、同類が周りに集まってきて、より面白くなくなっていく。

失敗を乗り越えられる人、失敗から新たなヒントを見出せる人は、決して元気を失わない。

元気が最大の財産であることを知っているからだ。

明るく、楽しく、元気でいることの価値

少し考えてみてほしい。仕事でも、遊びでもいいのだが、元気があるときと、元気がないときでは、同じことをしていても楽しさが違うはずだ。実は何をしているかも大切だが、同時に元気をもって取り組めているかどうかも同じくらい、いやそれ以上に重要な要素なのだ。

つまり、失敗したかどうかよりも、元気でいることのほうが、私は大切なのではないかと思う。

ここで、私がハウステンボスの従業員たちに、最初に語りかけたことを思い出してほしいのだ。

「ハウステンボスはお客様をお迎えする仕事なのだから、たとえ本当は大変でも、嘘でもいいから無理やり明るく元気に楽しく振る舞い、あいさつを欠かさないようにしてほしい」

これは、何も客商売に限ったことではない。

どんなジャンルでも仕事をしていれば、必ず問題に当たるし、失敗もする。つらく苦しく、嫌な気分を味わう。時には辛酸を舐め、一杯食わされ、ほぞを噛むこともある。そこで、暗く

なるか、元気を保てるか。

分かれ目は、そこにある。

大失敗をして、元気になんてなりようがないと思う人にはなおさら、無理をしてでも、明るく、楽しげに振るまい、元気があるかのように演じることを勧めたい。まさに、嘘でもいいから、無理やりそうしてほしいのだ。

なぜなら、元気でいることには、それだけで価値があるからだ。

仕事でも遊びでも、やはり元気のいい人と向き合うと気分がいい。理由もなく、気分が明るくなってくる。何でもできるような気持ちになってくる。

失敗をした後でも、明るい気分を失わず、周りもそんな人ばかりならば、失敗点を改良、改善することができるし、新しいアイディアも浮かんでくる。

すると、越えられないと思えた壁を突破できるようになる。これが、シンプルだが、失敗を成功に変える方法なのだ。

めげずに元気にやっていれば、フィラメントに竹を使う着想にたどりつけるし、カビを見てペニシリンに至ることができるようになるのだ。

半面、多くの人が失敗すると落ち込んだままで、元気を失い、明るさを手放してしまう。誰だって好き好んでそうしているわけではないが、同様に誰だって暗い表情をして、溜め息ばかりついている人と仕事をしたいとも、遊びたいとも思わない。出るアイディアも出なくなり、できるはずのことも不可能になってしまう。自分まで元気を失ってしまうから、やがてみな距離を置くようになる。結果、暗くなった当人は、ますます成功から遠ざかり、復活の糸口もつかめない。

私は「得意淡然《たんぜん》、失意泰然」という言葉が好きだ。中国の陽明学の教えで、安岡正篤先生が好んでいた六然《りくぜん》のうちの2つなのだが、物事がうまくいっているときにはあっさりと、反対にうまくいかないときにはゆったりと構えよ、ということである。

私も多くの成功や失敗をしてきたが、そのたび、得意げになるな、卑屈になるなと自分を励ましてきた。まさに、走りながら学んできたことばかりだった。

プロとアマの差

前の章でも述べたが、私にとっての大きな失敗は、金融事業に自ら取り組んでしまったことだ。金融に取り組んだことそのものが間違っていたわけではないし、いま金融グループである澤田ホールディングスは立派に利益を出している。

しかし私は当初、何でも自分でやってみたい、という強い思いを持っていた。特に、それまで手がけたことのないジャンル、旅行業関連以外の業種の経営を手がけ、自ら社長として陣頭に立ちたいという強い思いがあった。

だが、実際に取り組んでみて初めて、金融を理解するためには、最低でも5年、10年はかかるものだということを思い知った。わからないくせに無理をして自分でやると、大きく間違えてしまう。それはまるで、プロゴルフのトーナメントに、いきなりアマチュアゴルファーが紛れ込んだくらいのことだったのだ。

「ああ、金融を素人がやるのは大変なことなのだ」ということが、体で理解できた。

それがわかったからこそ、モンゴルの国立銀行、ハーン銀行の払い下げを引き受けたときには、自分で直接経営しようとはまったく思わなくなっていた。私が関わるのは、経営理念やポリシー、ものの考え方といった全体的な経営のトーンだけにとどめ、具体的な経営は銀行業のプロを招き、お任せすることにしたのだ。

ハーン銀行の経営は極めて順調で、モンゴルではナンバーワンのリテールバンクになっている。これは、証券会社の経営を自分でやり始めてうまくいかなかった経験が活きたからだった。

ひとつのことを極める

この経験を通じて強く感じたことがある。それは、いろいろなジャンルに手を広げ、あれもこれもチャンピオンを目指すやり方はうまくいかないということだ。

ひとつのジャンル、業種で、日本一や世界一を目指し、極めたほうがいいと思う。

私はもともと、事業を横に広げるという考え方を持っていなかった。それにもかかわらず、証券業を引き受けてほしいと頼まれてしまい、自らやりたくなってしまった。日本中の企業が不景気の波に飲まれているなかで、エイチ・アイ・エスは成長を続けていたのだから、引き受けなければいけないという責任感のようなものもあった。

しかし、私は決してプロゴルファーではなかった。プロのツアーに参加することはできても、半年や1年でスコアが出るようになれるわけがなかった。

個人でも企業でも、自分が本来持っている特質や特性、そして夢にしたがって、何か1点だけを選択し、集中して、本気でそれに取り組むべき。これが、私が失敗から得た大切な教訓だった。

ただやってみたい、夢だった、という理由で取り組むことは、あまり賢い選択ではない。もちろん目標を自ら設定することは価値があるが、背の低い人が、いくらバスケットボールを頑張っても、中学や高校では活躍できても、プロになれる可能性はかなり低い。もちろん例外はあるし、頑張ることで自分自身は成長できるが、市場競争力がないのだ。

好きだ、やってみたいということと、向いている、素養がある、というのは、悲しいことだが必ずしも一致しない。それに気づくことは、ひとつの重要な通過点である。

また、たとえば会社の経営者や上司は、自分の周りにいる若い部下が不向きなことに注力しては失敗している姿を見たら、いままでとは違う道を見せ、方向転換を考えさせることも必要だと思う。

これはとてもシンプルな教訓だが、意外なほど重要な経営の「ノウハウ」であると思う。そして、これも自ら失敗したからこそ会得できたことだ。

2 ライブドア事件

野口さんを失ったショック

事業をしていると、失敗とともに避けて通れないのはピンチである。失敗は自らの責任だが、時として急に豪雨に降られるような、避けようのない事態に直面することもある。

エイチ・アイ・エスは旅行業で、しかもお客様の大半はビジネス目的ではなく、観光目的の個人客だ。したがって景気の影響を大きく受ける。それでも価格を武器に長い不景気のなかにあって成長を続けてきたのだが、短期的に強力な嵐に巻き込まれることは、決して珍しくない。古くは湾岸戦争が当てはまる。これはまだある程度予想のできた事態だが、9・11の同時テロ事件に至ってはまったく不可能だった。近年ではリーマンショックの直後の落ち込みも恐るべきものがあった。

予測不可能の事件・事故、あるいはそうと思わされてしまうような状況が起きると、個人客中心のエイチ・アイ・エスには、ビビッドに影響が出る。もしかしたら、もう誰も旅行などしなくなるのではないかとすら思えるほどだ。それでも明るく元気にやっていればいいのだが、不安を感じずにはいられなくなる。

私にとってピンチは、やはりエイチ・エス証券に関することになる。それはただピンチと呼ぶには、あまりにつらいできごとだった。

忘れもしない2006年の1月18日、エイチ・エス証券の副社長をしてくれていた野口英昭さんが、自ら命を断ってしまった。

野口さんはもともと証券会社の出身で、株式の公開や引き受け（売却する予定の株式を証券会社がまとめて取得すること）のプロフェッショナルだった。私が証券会社の経営を引き受けたのは、ベンチャー企業に資金調達の手段を提供したいという思いがあったことはすでに述べたが、野口さんはまさにうってつけの人物だった。

エイチ・エス証券に来る前、野口さんはライブドアの役員を務めていたが、思うところがあってスカウトに応じてくれた。やはり証券会社の仕事が好きで、事業法人はしっくり来ないと考えていたようだった。

野口さんはエイチ・エス証券そのものの上場にも尽力していただいた。そして、私にとっては断腸の決断となったスカイマークエアラインズ経営からの撤退にあたっても、現在の経営陣への橋渡しをアレンジしてくれた。また、私と九州の縁を作ることになった九州産業交通グループへの経営参画においても、優れたスキームを作ってくれた。

言うまでもないが、私はライブドア事件とはまったく関係がない。野口さんがライブドア出身という縁から、同社のM&Aに関わるビジネスをエイチ・エス証券で手がけていたことは事実だが、それはあくまでビジネスとしてであって、もちろん違法なことをしていたわけでもなく、違法性を捜査当局から指摘された事実もない。

私がつらかったのは、ライブドア事件（同年1月16日から強制捜査開始）によってエイチ・エス証券も東京地検や証券取引等監視委員会の捜索、資料押収を受けた際、まさか野口さんが自ら命を絶つような事態に巻き込まれているということを、想像できなかったことだった。

あのとき、何かできなかったのか。

野口さんは4年近くの間活躍してくれた仲間である。突然失ったことのショックは、あまりにも大きかった。

ライブドア事件で得たもの

ライブドア事件は大ニュースとなり、エイチ・エス証券にもマスコミが押しかけた。エイチ・エス証券は捜索を受けたが、ライブドア事件に関していかなる罰も受けていない。社内でも調査委員会を設置し、外部にも説明責任を果たしてきたつもりだ。

しかし、私たちがどのような説明をしようと、マスコミは許してくれなかった。多くのカメラの前に立ったこともある。少し強い言葉遣いを許してもらえるなら、こちらがいくら時間をかけて説明しようと、彼らにとって「つまらない」内容であれば取り上げない。半面、根拠もない噂、憶測を書き立て、取るに足らないことを大悪事のように扱うのだ。もう、何をしても処置なしだった。

野口さんというプロフェッショナルを失ったエイチ・エス証券は、翌年春、主幹事証券会社として失態を演じ、金融庁から業務改善命令を受けた。

ライブドア事件までは巨額の利益を叩き出し、上場した株式の時価総額も順調に増えていたが、一挙に暗転してしまった。１年以上に渡って厳しい局面は続いた。

問題は、エイチ・エス証券だけの話ではない。ライブドア事件は、株式市場や、新興企業の資金調達そのものに、強くネガティブに働いた。それまで活力に満ちていた日本のベンチャー企業群は力を失っていった。

個人的な感想を述べれば、ライブドアは確かにやりすぎた面があったと思う。以来、日本のベンチャー企業がチャレンジをしづらくなってしまったことは、代償としては大きすぎた。力のあるベンチャー企業でさえ上場が叶わなくなり、資金が調達できずに夢を諦める状況になってしまったのだ。

私がもっとも残念だったのはこの点だ。

失ったものはあまりに大きかった。しかし、私はそこからふたつの教訓を得ている。

まず、金融という仕事が持っている、実業から離れてお金がお金を生むような仕組みや、金融商品の中身よりも扱うことで得られる手数料を重視するような経営ではなく、もっと地道な、調達した資金をまさに必要とするところに回し、企業を、経済を発展させるという基本中の基本に立ち戻った経営を心がけること。モンゴルのハーン銀行の経営については、特にこの点に注意している。細かい経営はプロに任せているが、迷ったときはモンゴルの発展のためになるかどうかをもっとも重要な判断材料に据えるよう指示している。

もうひとつは、あまりに調子が良すぎる状態を迎えると、必ず強い反動を招くことだ。それまでのベンチャー全盛の時代、新興株式市場の急上昇、そしてあまりに好調だったエイチ・エス証券の業績。いずれも急反転を迎えることとなった。

物事にはバランスがあるのだ。この点は、次の章で詳しく触れることにしたい。

3　失敗を本当に活かすには？

打席に立たなければ打率は上がらない

これだけ失敗し、またつらい思いをしながらも、やはり私はチャレンジをやめることができない。

どんな失敗も、必ず次につながるヒントがある。その挑戦自体は成功しなかったとしても、得られるものはある。

つまり、失敗をしても、むしろ失敗をするほど、だんだん成功には近づいていくことになる。このことが信じられれば、チャレンジし続けることができるようになるはずだ。

私の感覚では、自分が比較的事情を知っているジャンル（私で言えば旅行業）で新しいチャレンジをした場合に、うまくいく確率はフィフティー・フィフティー。あまり勝手のわからない、初めてのジャンル（私で言えばテーマパークなど）だと、経験値が少ない分失敗の可能性は7割くらいになる。

ただ、いつまでも失敗が多いままではない。この7割の失敗を活かすことができれば、やがて知恵がついてきて、半々くらいの確率に近づけるようになる。次第に打率が上がっていくのだ。

だから私は、どんどんチャレンジする。チャレンジし続けないことには、つまり打席に立ち続けないことには打率は上がらないのだ。

チャレンジは時に危険を伴う。それでも、チャレンジしないと新しいものが得られない。それを知っている人だけが、最終的に成功にたどり着ける。

しかし、危険には、チャレンジしてもいい危険と、絶対にしてはいけない危険がある。

命にかかわるか？ 法に触れないか？

チャレンジしなければ新しいものは得られないから、事業をしていく以上、必ずチャレンジを続けることになる。基本的には、成功しようが失敗しようが、チャレンジを継続的にするべきだ。

ところが、やはりしてはいけないチャレンジも存在する。限度は存在するのだ。

私の場合、判断基準は2つある。

まずは、命にかかわるかどうか。有り体に言えば死なないか、重い病気や怪我を背負ったりしないかどうかだ。会社の場合であれば、破綻しないか、倒産しないかどうか、ということになる。

チャレンジすることは恐ろしいと考える人が大半だが、その段階を超えると、チャレンジすること自体は楽しくなってくる。それは喜ぶべきことだが、実は落とし穴があって、次第にリスクの高いチャレンジに快感を覚えるようになってしまうことがある。

確かに伸るか反るかの勝負は面白いものだ。しかし、一生懸命取り組んだ結果として成功するか失敗するかは、運によるところも大きい。時にはまったく本人と関係のない外部要因によって翻弄されてしまうこともある。

失敗してもいいのは、その失敗が将来の成功に活かせると確信しているからである。しかし、もしも命を絶たれ、あるいは重い病気になって、会社がなくなってしまったら、もはや教訓を次に活かす機会が得られなくなってしまう。

前章で、ハウステンボスの夕方以降の入場料を試しに無料にしてみたことを述べた。これもチャレンジの一環だったのだが、明らかな失敗だった。

ただ、仮にこのチャレンジが失敗したとしても、ハウステンボスがいきなり倒産の危機に瀕するようなことはないと考えたからこそできたことだ。暫定的に実施する、とアナウンスすることも忘れなかった。

その結果、無料化そのものは失敗だったが、良いコンテンツがあれば値上げしても客数は増えるという、いままでは知らなかった大切な事実を知ることができた。イルミネーションを増やし、アトラクションを新設し、ミュージカルを開いてみた。するとむしろ無料のときよりも、お客様の満足度は上がっていった。まさに失敗が後の成功に活かされた例だ。

私は、ここに一本の線を引く。仮に失敗しても、死ぬようなことはないか、体のバランスを崩し、致命傷を負うことはないか。会社が倒産するようなことはないか。もしそうしたリスクがあるのなら、私は挑戦を見送る。

もうひとつの判断基準は、法に触れないか、人倫に反していないかどうかだ。これについては多くを語るまでもない。たとえ法律に触れなくても、大勢の関係者をアンハッピーにすることで成り立つようなチャレンジはしない。

この2点さえ守れば、チャレンジは全部勉強になる。失敗しても、取り返しがつく。つまり、なぜ失敗したかを検証できるのだ。

ハワイに行く人、行けない人

自分が知っているジャンルであれば、成功と失敗の確率は半々だと述べた。しかし、コインの裏表の出現が必ずしも一定しないように、時には不運にして失敗ばかりが続いてしまうこともある。

本当に夢が現実化することがあるのだろうか、成功する日が来るのだろうかと不安になってしまう。

そんなときは、次のことを思い出してほしい。常夏の島・ハワイだ。

ハワイに行けるのは、ハワイに行きたいと思った人だけである。ハワイに行きたいと思わなければ、ハワイに行くことはない。

ハワイに行ってきた人を目の前にして、とてもうらやましかったとする。それが本気であれば、どうすればハワイに行けるのかを調べ、いくらかかるかを知り、そのお金を工面する。なんだかんだ理由をつけて会社を休む。

もしそこまでしない、できないのであれば、それだけの話だというだけだ。まずは心からそうしたいと思う気持ちがなければ、何も始まらない。反対に、心からそうしたいと思っているのであれば、たとえ不運に見舞われても、立ち直ることができるはずだ。

ハウステンボスであれば、まず「必ず黒字になる」と信じる。スカイマークであれば、どんなにギリギリまで追い込まれても、「飛行機は飛ぶ」と信じる。

ひとまず、やれる・やれないという判断は置いておき、心からそうなる、そうしたいと思うことができれば、実現に近づく。やがて頭の中に具体的な像が浮かんできて、本当に現実化させるためのヒントを呼び込んでくれる。だからこそ、最後まで信じ切れれば実現するのだ。

目標はシンプルに

「ハワイに行きたい」という例を用いたのはもうひとつ理由がある。この夢、あるいは目標は、とてもシンプルでわかりやすいのだ。

夢や目標は、将来においてなりたい自分、あるいは会社のあるべき姿を具体的に思い描くことだが、できるだけ目標はシンプルなほうが成功に近づけると思う。

もちろん、夢の実現、目標の達成にはさまざまな条件があり、複雑なプロセスを経なければたどりつけないことがほとんどだ。でも、いや、だからこそシンプルなゴールが求められると思う。とりわけ、多くの人が関わっている会社の場合は、とても大切な意味を持ってくるのだ。

夢や目標を細かく刻んだり、あれこれ条件をつけたりし始めると、やればやるほど理解が難しくなる。法令はなかなか素人には理解できないように、この場合はどうなるのか、例外は何なのかなどと考え始めると、正確を期するようでいてどんどん愚直さや熱さがなくなっていくのだ。

ハウステンボスの社員を前に私が話したことは、前述のように「明るく元気に」、「掃除をしよう」、「黒字にすればボーナス支給」の3つだけだ。ここで、前期の数字と今期の実績を比較するとうんぬん、あるいは損益分岐点がどうのこうのと本来必要な内容を述べても、その時点では他人ごとだと思われるだけだし、まして私がエイチ・アイ・エスのことを語り始めたところで、何の興味も持ってもらえない。自分に関することだと思ってもらえないのだ。

夢や目標をシンプルにすると、少なくともほとんどの人が理解できるようになる。実現や達成にはいろいろ問題はあると思われても、少なくともゴール地点を頭に描いてもらうことはできるはずだ。

そこまでできれば、各人が間を埋めていく作業は比較的わかりやすい。現状とゴールが見えさえすれば、自分が何をすべきなのか、何を求められているかを自分で考えることができるようになる。言われたことをこなすのではなく、目標や課題を自分で発見できるようになる。この時点で初めて、どうすればもっと経費をカットできるか、時間を効率良く使えるかを考えられるようになるのだ。

例えばエイチ・アイ・エスならば、世界一の旅行会社になる。ハウステンボスであれば、観光ビジネス都市になる。それも、5年後、10年後と期間を明確にする。

そこさえ間違いないものを定められれば、半分は成功したようなものだ。経営者、あるいはリーダーの役割は、こうした夢のあるビジョンを設定することそのものなのではないだろうか。

旅がすべてを癒してくれる

本当に困ったとき、私を助けてくれたもの。それは旅だった。

ライブドア事件で世間が大騒ぎになり、私自身も当局から事情を聞かれたが、もちろんすぐ何の問題もないことを理解してもらえた。

しかし会社には細かい捜査の手が及んだ。そして野口さんは命を断ってしまった。もちろん業績も振るわず、まさに暗転してしまった。一瞬にして、周囲の景色そのものが変わってしまったのだ。

そんな、まさに嵐が直撃しているような状況のなかで、私は3か月ほど会社を離れ、海外へ旅に出た。

計画はその1年ほど前からしていた。社業は順調で、業績もついてきている。ただし、ここ数年は少し忙しすぎた。見たいものもたくさんある。このへんで、少しまとまった休暇を取りたい。世界をもう一度見てみたい。

すでに休暇のスケジュールも、旅行先も決めていたなかで、ライブドア事件が起こったのだった。

マスコミが押しかけているなかで、旅立ってもいいものか。しかも3か月もの間。普通ならやめただろう。

しかし私は、悩んだ挙句、計画通りに3か月の休暇・海外旅行を決行した。この行動を、逃げたとか、雲隠れしたと批判した向きも少なくない。それは甘んじて受けたい。

途中、一度だけ日本に戻ったが、ほぼ3か月間まるまる留守にした。

もちろん、滞在先にメールやファクスが届く。東京は一段とひどい状況になっているだろうことが想像できる。その都度指示を出すのだが、次第に問い合わせの回数は減っていった。特にエイチ・アイ・エスでは幹部が頑張ってくれて、いろいろな意味でこの最悪の状況が、後進が育ついい機会になった。

一方、エイチ・エス証券は大変な混乱になってしまった。多くの社員が辞職した。それでも残った社員たちが、立派に守ってくれた。

私が日本にいなかったことでメリットもあった。とにかく針小棒大な記事を書きまくっていたマスコミも、私がそこにいなければ書くものもなくなる。

とにかく何を発言しても、面白おかしく、人々の興味をそそるように書かれてしまっていたのだが、「ネタ元」がいなくなってしまっては、もう書きようがない。3か月後には報道合戦も落ち着きを取り戻した。私がいなかったことで、いわば「風評被害」を食い止めることができた。

そしてもっとも私が痛感したのは、旅が私にもたらす「効果」だった。

ライブドア事件は私自身にとってもかつて経験のないレベルの向かい風、というより暴風だった。多くのベンチャー企業の未来が暗くなったことで気落ちしたし、何よりも野口さんの死は私を打ちのめした。そこに報道が毎日追い打ちをかけてきた。

だが、旅に出ると、自分の気持ちをがんじがらめにしていたライブドア事件が、日一日と遠ざかっていくことを実感した。

遠く離れた国で新聞を開いても、ライブドア事件に関する報道はほとんどなく、あったとしても経済専門紙の片すみに小さく出ている程度の扱いでしかなかった。

ここで、私はようやく冷静さを取り戻し、自分の心のなかに渦巻いていた「負のスパイラル」から抜け出すきっかけをつかむことができたのだ。

思い切って旅に出てよかった。旅はいつも私に教えてくれるのだ。「大丈夫、必ずうまくいく」と。

第4章

運をコントロールする

1 運と波動

運は自力で変えられる

この章では、私のビジネスの具体的な話から少し離れ、皆さんにより「実用的」な、自分の人生を自らの手で前向きに切り拓いていくためのヒントを提示したい。

本書をここまでお読みいただくと、私が時折「運」、「不運」という言葉を使っていることにお気づきだと思う。

どんなときでも明るく元気に振る舞うことと同じく、運はとても重要な要素だ。

人生の90％以上は運に左右されていると言っても過言ではない。事業の成功やスタッフとの出会い、時代に適合したビジネスとの出会い……。もっと言えば、戦争や疫病を生き抜いてきた祖先、そしてそのたくさんの祖先たちの出会い、私の両親の出会いがなければ、私という存在はなかった。そう思うと、この世に生まれてきたことだけでも大きな運をいただいているということに気づく。そんな運の上で、さらに、自分で「運ぶ」ことができる運も大切にしていきたいと考える。

運と聞くと、自分ではどうしようもないことであり、まさに天に任せるしかないものと思われる方が多いかもしれない。

天が運んでくる運（天運）と同時に自分で運ぶ運が存在していて、そちらのほうが影響が大きいという事実を認識することが大切ではないかと思う。言い換えれば、運はコントロール可能でもあるのだ。

運という字は、文字通り「運ぶ」と書く。自分以外の要素、つまり一見空の上で神様が決めているように思えることまで含め、最終的に運が良くなるかならないかは、自分で良い運を運んでいるかが決め手になる。だから、運を良くすることは可能なのだ。

前の章で、失敗の本質は「暗くなること、元気を失うこと」だと述べた。これを運という観点からもう一度考えてみよう。

あなたは一生懸命なにかにチャレンジしたのにうまくいかなかった。そして残念なことに、もううまくいくことはない、という諦めの気持ちにとらわれてしまい、表情からはそれまでの明るさ、快活さが失われてしまった。

すると、あなたの周りに集まってくる人は、てきめんに同類ばかりになる。「人生はうまくいかないものだ」、「努力だけではどうにもならない」、「これからは楽をして、おとなしく安全第一で行こう」。そんな、後ろ向きな気持ちの人たちばかりでコミュニケートしているから、ますます発想が後ろ向きになっていく。

ところが、あなたの周囲に、あなたが前回失敗してしまった原因を一発で解決できるヒントやスキルを持っている人がいたとしよう。あなたとその人が出会い、少し話をして教えを請うたり、協力を取りつけたりできれば、あなたは劇的に成功に近づけるのだ。

しかし、その人物があなたに接触を試みようとする前に、あなたやその周囲から発せられている後ろ向きな雰囲気に嫌気が差してしまい、去っていってしまった。暗くて、元気のない人間とわざわざ関わりたいと思う人は多くない。もちろんあなた自身は、そんな事実を知る由もないまま、今後も生きていくことになる。

さて、あなたがその人物と出会えなかったことは、果たして天運と言えるだろうか？　何も事情を知らなければ、不運とすら思えない。しかし実際は、自分が発している雰囲気、自分が運んできた運が災いして、その人物を、そしてその人物がもたらしてくれたはずの運を遠ざけてしまったのだ。

同様に、少しくらいいいやと考えて悪いことに手を染めると、もっと悪いことをしている連中が近づいてくる。タバコを吸っている中学生には、麻薬に手を染めている大人が近づいてくるかもしれないのだ。結果として、もともとそんな気はなかったのに、気づいてみると抵抗感が大きく低下して、大変な悪事にも手を染めてしまう。これも自らが運んでいる運がもたらした結果だ。

逆に、少しでもいいことをしていると、やがていい人ばかりと付き合うようになる。明るく頑張っていると、もっとすごい人が手を差し伸べてくれたり、チャンスを与えてくれたりする。やがて、自分の能力を引き出してくれたり、新しい可能性を示してくれたりする人物と巡り合う。一生の師となる人に恵まれるかもしれない。

同様に、成長している会社と付き合えば、自分の会社も成長する。成長している会社の社員なら、自分も成長できる。左前の会社と付き合っていると、成長が鈍化するどころか、時には不渡りを食う。

確かに、変えることのできない運もあることは事実だ。戦乱の世に生まれるか、平和な時代に育つのか。豊かな国に生まれるか、貧しい国に生まれるか。親が貧乏か金持ちか。生まれつき健康か病気がちかなど、自分ではどうすることもできない運は確かに存在する。しかし、自分で変えられる運、自ら運ぶことで今後の展開を変えられる運の要素も大きいことを、まずは知ってほしい。「自分は不運だ」などと考える前に、変えられる運を良くすることをおすすめしたいのだ。

波動を認識する

運には自分で変えられる要素があるという認識と並んで、もうひとつ知っておきたい大切なことがある。それは「波動」だ。

何やらあやしげな話になってきた、と思わないでほしい。これは私のビジネスの経験からたどり着いた「理論」である。少し例を挙げれば理解していただけるはずだ。

波動とは、一言で言えば周期的に巡っているパワーのことを指す。

1日のなかで、朝太陽が昇り、夕方沈んで夜になる。同じように季節は定期的にめぐる。なぜなら地球は自転しながら、太陽の周りも回っているからだ。

同様に月も28日の周期で地球を回っている。だからどうしたという人は、潮の満ち干きは月のリズムでコントロールされているということを忘れている。これはれっきとした科学的根拠のあることだ。

もしかすると、いまだ科学で証明されていないことが、もっと大きな、銀河系レベルの周期に支配されている可能性もある。

そして、私たち人間を含めた生物は、そんな地球のなかでいま現実に生きている。それは取りも直さず、長年の進化の過程のなかで、遺伝子レベルで現在の環境に適合している、という事実を示している。

夏の最高気温は30度台だが、もしこれが60度台になれば、多くの人が適応できなくなる。100度になれば、恐竜が滅んだように死んでしまうかもしれない。空気がなくなってしまえばあっという間だ。

しかし、恐竜が死んでしまったなかで生き残った生物がいたからこそ、現在まで生命がつながれている。そのために生物は多種多様に進化し、遺伝子を変化させながらつないでいる。その延長線上に自分も生きているのだと考えると、ちょっと感動的ですらある。

私たちは日々悩んだり、運がいいとか悪いとか喜んだり嘆いたりしているが、生物としての本質的な価値は、ある波動のなかで生き、遺伝子を後の世代につなぐことだ。つまり、私たちはめいめい好き勝手に、偶然に生きているように見えて、実は広い宇宙の、太陽系のなかの地球の日本という場所に、遺伝子を伝えるために生かされている。

月の満ち欠けや海岸に打ち寄せる波、あるいは季節の移ろいを感じながら、私はときどきそんなことを考える。すると不思議に謙虚になれるのだ。

波動から歴史を考える

波動について、もう少し考えを進めてみよう。

私は序章で、時代を動かす大きな軸がアメリカやヨーロッパからアジアにシフトし始めていると述べた。これも波動の一種だと考えられる。

アメリカやヨーロッパに来ていた波が引き、アジアに押し寄せ始めている、ということなのだ。

もっと大昔の話をすれば、エジプトやメソポタミア、中国に波が押し寄せていた時代もあったし、ローマやモンゴル、スペインやイギリスに来ていた時代もあった。やがてアメリカに渡り、いまアジアにシフトしている。

何百年という単位で、波はあっちに行ったり、こっちに行ったりしているのだ。人間の営みも、人間もまた生物である以上、波動から無縁でいることはできない。

これは、文明や国に限った話ではない。企業も、人も、間違いなく波の周期の中に含まれている。こちらのほうが人間の寿命により支配されやすいために、周期は短くなる。人の一生が70年だとすれば、周期は最大でもせいぜい60年というところだろう。もっと短いかもしれない。

また、詳しくは次の章に譲るが、私の考えでは企業は30年が一区切りだ。

また、もっと細かい波も存在する。数年単位で良くなったり、悪くなったりを繰り返す。だから、あまりに良いことが続けば反動を恐れなければならないし、反対に悪いことばかりなら事態が転換するときは近づいている、と見ることができる。

ところで、現在は世界の情報化が進み、同時に人は簡単に、高速で移動できるようになった。かつては繁栄の中心がエジプトからローマへ、あるいはイギリスからアメリカへ移ったことを検証、確認するには大変な時間を要し、よほど感度が高くなければ人の一生では間に合わなかったはずだが、いまではもっとビビッドに、より短い時間でわかるようになってしまった。

となると、次の波が来るまでじっと待っているしかなかった時代とは違い、いまでは自ら波が来ているところに思い切ってワープすることだってできる。時間的な変化を待たずに、空間的に動いてしまえる。

企業や人であれば、もっと話は早い。良い流れの中にある企業、良い運を自ら運んでいる人や企業を見つけ、彼らとできるだけ一緒に仕事をするようにすればいい。

2 気とバランス

気とは何か

より短期的な、目の前で起きていることに視点を変えてみよう。

キーワードは「気」である。

私がビジネスを進めていく上で、そして人と付き合っていく上でもっとも重要だと思っているのが、気だ。人とお会いするとまず、その人がどんな気を出しているかを注目するようにしている。

気とは何か、とよく聞かれるのだが、言葉で説明するのは難しい。そもそも、改めて気とは何かをわざわざ考える必要は少ないかもしれない。ほとんどの人が、日常的に気を意識しているのだから。

人は、自分が運が良いか悪いかをよく考える。運は「運気」だ。

明るい人は、接していて気持ちがいい。「元気」があるし、「やる気」が感じられる。こちらの「気分」まで良くなる。

最近あの人の姿を見なくなった。そう言えば元気がなかった。すると、実は「病気」になってしまい、相当「気落ち」しているらしい。

どうだろうか。私たちは日常会話でも、知らないうちに気を意識している。そして、ほとんどすべてと言ってもいいくらい、人は気に支配されているのだ。

元気というのは「気の元」と書く。すべての気の根源なのだ。元気がなければやる気も出ない。いい仕事もできない。するとやがて風当たりが苦しくなり、仕事が苦痛になってしまう。本人も悩んで元気を失い、病気になる。

一方で、元気で、やる気さえあれば、能力に多少問題があろうと、1・2倍の仕事ができる。仕事も、生きていること自体も楽しくなる。

元気の有無は、その人自身の表情に、てきめんに現れる。たとえは良くないかもしれないが、お年寄りを見ているとわかりやすい。ある程度年齢を重ねた方なら、いま75歳か、90歳かということよりも、表情や雰囲気から、今後も元気でいられそうか、そうではないかがわかる。これは、若い人も同じことだ。

病は気から

もっとも気が落ちてしまった状態は、病気である。だから、病気のときこそ気のコントロールがもっとも大切になる。

「病は気から」と言うが、確かにそうだと思うことが多い。もちろん生まれつきの難病と闘っておられる方もいることは承知している。もともと元気だった人が病気になるとき、栄養状態や、ウイルス、病原菌が引き金を引くのだろうが、それはあくまできっかけに過ぎない。

私はおかげさまで病気と縁が薄く、風邪もひかないし、病気で仕事を休んだりもほとんどしない。少し話がずれるが、栄養のバランスには気を配っているし、自分が飽食の時代を生きていることをよく意識し、それまでの人類が積み重ねてきた食生活を思い出すようにしている。

私たちの遺伝子は、狩猟中心で、次にいつ食べ物を口にできるかわからなかったような時代、あるいは肉などめったに食べられなかった時代に適合し、何万年も生き抜いてきたのだから、ここ百年ほどで急に、お金さえあれば好きなものを好きなだけ食べられるようになってしまった事実に適合できない。だから、高血圧や糖尿病、肥満などの生活習慣病がはびこってしまうのだ。

これは案外馬鹿にできない。もともと気力が充実していても、暴飲暴食が続けば当然体のバランスが崩れる。すると、あんなにもやる気の塊だったのに、大切な気が削がれていってしまうのだ。

気が落ちているときに病気になりやすいのか、病気だから気が落ちるのかは、「卵が先か、鶏が先か」の議論であって、両者は密接に関わっている。とにかく、どちらかのサインを感じたら、早めに対策を打たないと大変なことになる。

最近気分が晴れない。気乗りしない。やる気が起きない。あるいは、ちょっとしたことでお腹が痛くなる、頭が痛くなる。こうしたサインを軽んじて放置していると、やがて大変なことになる。一刻も早く、自分のなかで何かのバランスが崩れ始めていることを疑ってみてほしい。

それでも病気になってしまうことはあるだろう。入院すれば、環境も激変し、どうしても気持ちが落ちてしまう。

だが、そんなときこそが踏ん張りどきだ。それこそ、無理にでも明るく振る舞うように自分の気をコントロールしたい。それがやがて、嘘から出た真のようにいい影響を与え、健康を取り戻す力になりえるだろう。

気落ちへの対処法

旅行業、エンターテインメント業は、お客様の「楽しいことをしたい」という気持ちに支えられている。もちろん、気落ちは歓迎されることではない。

しかし、時として集団的に気分が落ちてしまうことがある。典型的な例は、東日本大震災と、原子力発電所の事故である。

被害に遭われた方、いまなおふるさとに戻れずにいる方には、心からお見舞いを申し上げる。肉親を失い、住まいや仕事をなくし、祖先から受け継いできた土地から離れなければならなくなった方の悲しみは、私などには想像もつかない。

同時に、直接被害を受けていない人にも、暗く、虚しい気持ちが広がったことを見逃すべきではない。毎日気の滅入る、時には絶望的なニュースに接し、テレビからはコマーシャルも笑いも消えた。街からは電灯も消えてしまった。まさに集団的に、元気がなくなった時期だった。もっとも、被害の大きさを考えれば当然である。

誤解を恐れずに言えば、それでも私は、できるだけその気分を引きずらないほうがいいと強く思う。

人によって受けた被害、そしてつらさは一定ではないから、もちろん一概には言えない。しかし、いくら破壊された街をきれいにし、仮設住宅を立派な鉄筋コンクリートの建物に置き換えても、そこに暮らす人に元気がなく、笑顔もなく、夢も目標も持てず、悩み続けているままなら、本当の意味での復興ではないと思う。悲しみはもちろん消えることはない。でも、最終的には皆が元気を出してまた新たなチャレンジを始められるようになることこそが大切なのだ。

悩み、苦しむことで何かを得られたり、失ったものを取り戻せたりするのならばいい。引きずれば引きずるほど明るい未来が来るのならば、それでいい。

しかし、そうではないことがわかったら、やはり、過去のことは過去のこととして、自分のために、社会のために未来を見つめ、無理にでも元気を出して、新たな目標に向かって一刻も早く進むことをおすすめしたいのだ。

報道などで、被災地で頑張っておられる方たちの姿を見ると、本当にうれしくなる。失意のときこそ泰然としてチャレンジしていく姿は、元気と感動をもたらしてくれる。

被災者だけでない。誰にも、いまさら自分の力ではどうすることもできない過去があるはずだ。さらに生きていく以上失敗や後悔はつきもので、ときには気落ちすることは避けられない。だまされたり、何の落ち度もないのに、責任を取らされたりすることもあるかもしれない。

でも、ずっと暗く、悩んで後悔したままでは、新しいものは生まれない。

何があろうとも、命あるかぎり、元気に明るくやっていくことがやがて成果を生み、結果として自分を救うのだ。

まして、大変つらい状況に置かれている人を見て、周りまで暗くなってしまったら、一体誰がその人を救う明るさを発揮できるのだろうか。これは経済に置き換えればもっとわかりやすい。自粛ばかりで景気が冷え込んでしまえば、まわりまわって被災者自身が自力で立ち直るチャンスを狭め、もっと苦しめてしまうことになるのだ。

みんなで頑張って良くしていこう、という気分そのものの復興がなければ、本当の復興はない。だから、それぞれが元気に、できることを続けることが大切なのだ。

良い気が出ている人の見分け方

自分が気落ちしているとき、元気な人、陽気な人に出会うと救われる。袋小路に入り込んでしまったとき、ふとした冗談ひとことで気分が晴れた経験はないだろうか。それは、その人から強い「良い気」が出ているからだ。オーラと言ってもいい。

ハウステンボスのイベントにＡＫＢ48をお招きしたことがあった。ＡＫＢ48はすでに人気アイドルだったが、いまのような国民的人気を得る前のことだ。私は正直に言って詳しく知らず、それでも部下たちが熱心に勧めるので、開催してもらうことになった。

蓋を開けてみると、大盛況だった。彼女たちは、ハウステンボスの地にまでファンを呼び寄せる力があった。

それは、良い気だったと思う。

若くて、トップアイドルになりたいという明確な目標があり、「総選挙」と呼ばれる厳しい競争を前向きに戦っているからこそ、良い気が出る。ファンも、可愛いらしさとか、歌やダンスそのものだけではなく、意識的にせよ無意識的にせよ、彼女たちから出ている、極めてポジティブな良い気を求めて、はるばるハウステンボスにまでやってきてくれたのだろう。

いや、良い気が出ているからこそ、彼女たちの歌やダンスの楽しさも数割増しになっているのかもしれない。

歌手も、俳優も、〝乗っている〟人は良い気を出している。それは表情と動作を見ればおのずとわかる。ビジネスにおいてもまったく同じだ。私なりの、良い気が出ている人の見分け方を列挙していこう。

まず表情に注目する。明るさを感じられる人、表情が豊かな人からは、たいがい良い気が出ている。

次に、仕事の内容とスピードだ。私の経験では、ほぼ能力的に同等の普通の人と、私が良い気を持っていると思う人に同じ仕事を与えると、良い気を持っている人は1・2倍の速さで、2割増しに良い仕上がりになる。

対照的に、悪い気の出ている人、やる気のない人に同じことをやらせると、時間は2割増しになるのに対して、パフォーマンスは2割減になってしまう。結果として、多少能力で劣っていても良い気の出ている人のほうがいい仕事をするケースが多くなる。だから、できるだけ良い気の出ている人にいい仕事を任せたくなってしまう。

3 運をつかむ

「運が悪い」と思ってはいけない

　こうした差は、最終的には本人の運の良し悪しにまで結びつく。運がいい人というのはたいがいプラス思考の人、元気な人が多い。つまり良い気を出している。すると人が寄ってきて、いろいろなものや、チャンスを与えてくれる。当人や、事情を知らない周りの人は「ツイている」と思いがちだが、実際は必然なのだ。

　いま、自分は運をつかめていない、運が悪いと思っている人は、自分を一度客観的に見てみることをおすすめする。

　そのとき、いま自分がつらい状況なのか、最近いいことがないかということよりも、誰に対しても元気に対処できているか、つい暗い表情をしたり、溜め息をついたり、愚痴ばかりこぼしたりしてはいないかを重視する。

自分のことがなかなかわかりにくいのなら、最近自分の周りにいる人を観察してみよう。つまらなそうな人、暗い人、ネガティブな人、夢や目標のない人、手を抜き、楽をしようとばかりする人、そして悪いことを抵抗なくできてしまう人……。彼らは自分の状況を映し出す鏡である。

このままでは、一段と運が悪くなり、自分だけでなく、やがては他人にも悪影響を及ぼすようになってしまう。

そこに気づいたら、次の段階に移る。自分は運が悪いのだから、運を良くしようと強く意識するのだ。

障がいや先天的な病を乗り越え、あるいは共存しながら、才能を発揮した人、素晴らしい人間性を培った人も少なくない。そして彼らは、人生は素晴らしいと教えてくれる。つまり、自分の置かれている状況にかかわらず、気の持ちよう、運のコントロールで人生を切り開くことはできるのだ。

苦しいこと、どうしようもないことはある。でも、そこで人生が終わるわけでないのなら、「自分は運が悪い」とは思わないほうがいいのだ。思ったら最後、本当に終わってしまう。つかめる幸運も逃げていってしまう。

ネガティブな人に近づくな

同時に、自分には何の問題もないときでも、周りには暗く、ネガティブなことばかり口にする人がいることがある。自分がちょっと気落ちしたときなどには、近づいてきたり、こちらから近づきたくなったりしてしまう。

これには注意が必要だ。

難しい課題を与えられたとする。ビジネスに限らず、世の中は誰も挑んだことのないことにこそ大きなチャンスが隠れているのだから、チャレンジを続ける以上、課題は難しくて当たり前だ。

普通の状態であれば、「できるかどうかわからないが、やってみよう」という心持ちになる。元気にあふれていて「絶対できる、すぐやろう！」と思えれば最高だ。

ところが、普段からネガティブなことを口にしている人は、課題を与えられた時点で反射的に「難しい」、「できません」と口をついて出てしまう。

難しいのは当たり前で、できるかできないかはやってみなければわからないし、一生懸命取り組んでできなかったことを、誰も責めたりはしない。にもかかわらず、まずとりかかることそのものを拒絶するようになってしまうのだ。これではゼロはいつまでもゼロのままで、何も始まらない。

言霊という言葉がある。言葉には魂が宿っているのだが、これはネガティブなものにも当てはまる。悪い言霊は強い毒気を持っていて、自分だけでなく周囲の人の運気も落とす。

まず、ネガティブなことばかり口にする人には近づかないことが大切だ。本当に元気で、揺るぎない明るさを持っている人ならば、悪い気を持っている人を引き上げることだってできるが、普通は難しい。

気を高めるには？

同じように、自分がネガティブな言葉を口にしそうになったら、とりあえず我慢して、ぐっと飲み込んでほしい。これは慣れればできるようになる。

よく「私なんて○○だから」という物言いをする人がいる。私なんて馬鹿だから、足が遅いから、かわいくないから……なんでもいいのだが、これは謙遜のように見せかけておいて、実際は体のいい言い訳であり、逃げ道ばかりを探すネガティブ発想だ。それがよりネガティブな気を引き寄せてしまうのだ。

気を高めるには、とにかくポジティブな発信を心がけることだ。

元気のない人がいたとする。心配して声をかけるとき、「元気ないですね」と声をかけるよりも、嘘でもいいから「元気そうじゃない？」とポジティブな言葉をかけるようにする。逆に、人から「元気ないね」と言われたら、「そんなことありません、元気ですよ！」と、嘘でもいいから答える。

すると不思議なもので、相手も元気な人として扱い、会話がポジティブになっていく。すると勢いに乗せられ、本当はネガティブだったのに、いつの間にか気分が軽くなっていることに気づく。ここまで来られれば一人前だ。

人間は気で生きている。女性に心を込めて「きれいだね」と言えば、言われたほうはますますきれいになっていく。部下や後輩に「最近頑張ってるな」と声をかければ、彼らはますます頑張る。

もっとも手っ取り早く気を高め、運を上げるには、良い気の出ている、あるいは運のいい人や会社と付き合うことだ。

私は、自分に悪い風が吹いていると感じたら、いい風が吹いている人に近づくよう意識している。

これは、何も難しい話ではない。街灯も懐中電灯もなく、真っ暗な場所を歩いているとき、誰だって灯りを見つけたらそこに吸い寄せられる。ホッとする。そこに行っても懐中電灯が得られるわけでも、まして自分が光を発するようになれるわけでもないのに、とても気分が明るくなる。それと同じことで、運気のいい人、元気のいい人がそばにいると、何となく自分も元気になってくるのだ。

４ 陰陽とバランス

できすぎの結果には注意

現在のエイチ・アイ・エスのマークは、〝無限〟をイメージしてつくったものだ。もちろんアルファベットのＨＩＳをデザイン化したものだが、中心にある波の模様は、波動、すなわちパワーを表している。それを取り囲んでいるメビウスのマークは、無限を表している。そしてマーク全体として、陰と陽のバランスを保っていることを表している。

世の中は絶えず変化しているから、企業も創造しながら変化、発展していく必要がある。パワーを尊び、パワーを持つことの大切さを知っていながら、ある意味それを封じ込め、バランスを保ちながら発展していく。こんな思いを込め、１年近くかけて１００案以上のデザインから選んだものだ。

陰と陽のバランスは、運や波動、気とともに、私が重要視しているものだ。

陰と陽と言われるとちょっとわかりにくいかもしれないが、要するに世の中にある二面性と、そのバランスを常に考えなければならないということだ。この世界は、すべてにおいてこのバランスが存在している。

白と黒、昼と夜、男と女。これらはどちらか一方が多くてはいけないもので、必ずバランスが保たれる。そこが崩れてしまうと、戦争になったり、会社が傾いたりする。

同様に、過ぎた成果、できすぎの結果も、得てしてオーバーラン気味になっていると考えたほうがいい。会社が利益を上げることは悪いことではないが、儲けすぎているときが必ずある。必ずしも自分たちに非があるとは言えないが、どこかで、何らかの形でバランスが崩れているリスクを考えたほうがいい。

私たちがライブドア事件の煽りを受けたのは、まさに業績が絶好調のときだった。そこからの暗転は、正直に言って想像もできなかった。

過ぎたるは及ばざるが如し、ではないが、いいときにさらに調子に乗ると、かえって危険を招くことがある。それは、まさにいわれなき天罰のように襲いかかってくることもあるが、有頂天になってしまうことによって慎重さや繊細さが鈍くなり、変化に気づけなくなった結果自ら招いてしまうこともある。本来持っていたはずのバランスを、失ってしまっている状態なのだ。

あまりに調子のいいときには、むしろあえてブレーキをかけ、抑え気味にすることによって、平時の感覚を取り戻すことを心に留めておきたい。絶好調のあと、揺り戻しはかならず来る。

投資家の感覚が素直に価格に反映される株式市場を見ていると、とてもわかりやすい。上昇モードに入ると、ダメ押しのような驚きの高値をつけることがある。逆も同様で、総悲観のなかから、行きすぎの安値を叩くこともある。

祭りのなかで、あるいは嵐のさなか、それを異常事態と認識する冷静さは、陰と陽、バランスを大切にするという感覚を持っている者だけが発揮できるのだ。

人事でも大切な気

私がここまで運や波動、良い気にこだわるのは、それだけ失敗を重ねていることの裏返しだと思う。

失敗の連続に直面すると、良くなると思わなければやっていられない。悪い現実を悪いと言い始めたら、余計に悪くなってしまうからだ。

一方で、私も経営者になったために、人事で部下にチャンスを与える立場になった。そのときの選考基準でも、気や、そこから発する人間性を重視している。

私自身がこのような人間だから、良い気が出ている人、より具体的には元気があって、明るくて、快活な人が大好きだ。多少能力に問題があろうと、こうした人間は今後も勉強するし、第一悪いことをしない。将来良くなっていく姿が、手に取るようにわかるのだ。だから、ついチャンスを与えたくなってしまう。私だって、できることなら元気な人に囲まれて仕事をしていたいと思うからだ。

これは、下について働く人にとっても同様だ。エイチ・アイ・エスには、国内外に400ほどの拠点（支店など）があるが、成績は、支店長などの責任者に元気や覇気があるかどうかに大きく影響される。たとえ成績の悪いところでも、新しい責任者にやる気があれば、見事に成績は上がっていく。部下は上司を見ている。良い気は上にいる人間からダイレクトに伝わっていくのだ。

逆に、いくら能力が高くても、気がない人、悪い気を発している人、元気もやる気もない人は引き上げをためらう。最悪なのは、人間性が悪い人だ。

時間をかければ、こうした人間性も変えることはできるのだが、能力の高さばかりに目が行き、人間性の悪さを軽視するとろくでもないことになってしまう。

人間性の悪さは、やがて法に触れる行為や、人の道にもとる行為を犯す。そこに頭の良さが加わると、とんでもないことになってしまう。

能力が高く人間性の悪い人間は、もっとも危険な存在だ。能力に欠けていても真面目な人のほうが、たとえコツコツとしか実績を積めなくても、よほどいい。どうしても能力が惜しいのであれば、まずは人間性の悪さを修正していかなければならない。

「運の悪い人」実験

私は運の悪い人、悪い気を持つ人に近づくなと言っているが、自分に余裕があるときには、そうした人たちを助けたい、チャンスをあげたいと思うこともある。

と同時に、陰陽の考えに基づいて、ちょっと調子が良すぎるときにスピードを調整するため、あえて倒産を経験した元経営者など、あまり元気のない人たちを自分の周りに配した。言葉は悪いが、ある意味、運についての実験の意味も持っていた。

結果としては、やはり私の運はかなり落ちた。実は、その最後に招いたのが、ライブドア事件の大混乱だった。

私はそのころ若干自信過剰で、調子に乗っていた面があったことを否定しない。何せ、あえて運の悪い人で自分を囲むなどということをのんきに発想したのだから。

全体としてバランスが大切なのと同様に、仕事をする際の組織にもバランスが重要だ。ある集団のなかに運の強い人と運の弱い人がいたら、基本的にはより人数の多いほうに全体の運が引かれていく。運の強い人が5人、運の弱い人が1人だったら、運の弱い人が強い人に引かれるのだ。

ところが反対に、運の悪い人が5人、運のいい人がたった1人だったら、逆に運の悪いほうに引かれてしまう。まさに私のケースはそれだった。

いくら自分の幸運に自信があっても、助けられる人はせいぜい1人だ。それもできれば、他の運がいい人を巻き込んだ上で、チームで改善していくことが望ましい。

私自身、自分の運の良さ、明るさには自信があったのだが、実際は難しかった。これは身をもって経験した結果で、調子に乗ってそんなことを考えたことを反省している。

5 どうしても運がないときの心得

運が向かないときには?

時として、どうしても運が向かないことがある。努力が報われない、何をやっても裏目に出る……。前夜に徹夜をして上司のためにいつもの書類を整理したら、翌日その上司から「あの書類はいつものとは違う。そのままにしておいてもらわないと使えないのに、余計なことを」と叱られる。急用でいつもと違うルートで早道をしようとしたら、その日に限ってそこが事故渋滞……。そんな日々の小さなできごとからビジネスの大きな交渉事まで、なぜか運が向かないとき、というのは誰にでもある。そんなときの、私なりの対処法を述べておきたい。

運が向かない場合の基本的な、常識的な対応は、ひたすら待つことだ。

台風が来ているとする。猛烈な雨と風で、身動きが取れない。陰と陽で言えば、陰の極地だ。そんなときに表に出て何をやってもうまくはいかない。看板が飛んできて、電線が切れているかもしれない。怪我をする可能性は格段に高い。だったらじたばたせず、丈夫な建物のなかで、ひたすら時が過ぎるのを待つ。

なぜなら、陰と陽にはバランスが働くから、陰の極地である状況が長続きするはずはない。台風はやがて去る。それがわかっているのなら、いまが悪いサイクルのもっとも下にいることが想像できるはずだ。逆らわず、無理をせずに身を潜めて、雨がやみ、陽がさす日が来るまで体力を温存することを優先する。

不景気も同様だ。長短の波はあれど、悪くなれば必ず良くなる。

私がこの方法を取ったのは、まさにライブドア事件後のことだった。マスコミはそれこそ連日嵐のようにやってきて、一方的に叩く。世間の風も、それに操られていく。社業にも影を落とす。

でも、私たちには何もやましいことはない。ならば、1年もすれば嵐は去っていく。人々も忘れていく。

叩くことを目的に来ているマスコミを相手にじたばたしても、じたばたしていること自体をさらに面白おかしく書かれるだけだ。焦って変に弁解を始め、身の潔白を叫んでも、すでに吹いている暴風のなかではかき消されてしまう。逆らってもけがをするだけで、何もいいことはない。

だから、ただひたすら過ぎ去るのを待つ。

ただし、これは「陰の構え」である。

「陽の構え」

やや上級者向けというか、安易に真似はしないでいただきたいのだが、実は別の対処法もある。じっと身を潜めているのとは対照的に、運が悪いときにこそあえて大きく打って出る、という方法だ。これが「陽の構え」だ。

台風が来ているのはあくまで日本で、中国に行けば何の影響もないかもしれない。ハワイに行けば晴れているかもしれない。それなら、思い切って場所を変えてしまう。

台風が通り過ぎるまで待つ、というのは、場所を変えずに時が変わるのを待つやり方だ。一方で中国なりハワイに飛んでしまうというのは、時を惜しんで場所を変えてしまうという、少々荒っぽい行動になる。

これは、自分たちの根本が陽の状態にあるという確信がある場合にだけとってもよい方法だ。

そして、打って出る以上は大きく打って出ることが大切だ。東京は台風でも大阪なら大丈夫、というレベルではなく、中国やハワイまで飛んでしまうことが重要なポイントとなる。なぜなら、**嵐の中で大きなリスクを取るようなことは誰もしないからだ。その大きな行動そのものに価値が出るのだ。**私がライブドア事件の暴風が荒れ狂う中、思い切って3か月の世界旅行に出発したことは前に述べたとおりだ。

1993年、「トラベルワンダーランド」新宿にオープン、大きな話題に。

エイチ・アイ・エスは新宿で創業し、いまも新宿にある。私が起業するにあたって東京のさまざまな街を歩いた際、もっとも土地の持っているパワーや、発展しようとし続ける運気、それに惹かれて集まってくる人々の層が魅力的だったからだ。

業績は順調に拡大し、新宿の中で何度か移転をした。ところが、バブル経済における地価と賃料の急上昇は収支構造を圧迫していた。

そこで、営業以外の部門をまとめ、賃料の安い浅草に移転した。これは、対処法で言えば「陰の構え」である。

エイチ・アイ・エスは90年台初頭のバブル崩壊を切り抜け、一段と成長することができた。しかしバブル崩壊が招いた不況は厳しく、私たちも大きな景気変動に無縁でいられるという明確な自信はなかった。

しかし、１９９３年、私たちは再び新宿に戻ってきた。それは創業の地、運気にあふれている魅力ある街である新宿に戻ったというだけでなく、「トラベルワンダーランド」という、日本一大きな営業拠点を思い切って設置することでもあった。目的地別、目的別などで窓口が分かれ、細かいニーズに対応できる、まさに旅行のデパートだった。

特別企画や、目玉となる超格安ツアーをたくさん用意し、宣伝も打った。勝負をかけたのだった。

結果は吉と出た。お客様は長い列を作ってくださったのだ。

バブル崩壊のさなかだから、リスクを恐れて思い切った投資など、どこの会社もしない。だからこそ私は打って出る。誰もしていないことをする。それが飛躍の鍵となった。

これはまさに「陽の構え」だ。ただし、相当の体力と度胸が必要なことは付け加えておきたい。

第5章

これから

1 情報時代のビジネス

企業は30年が一区切り

最後の章では、私が30年以上の経営のなかで、心から痛感したことを中心に述べたい。これからの日本を担う方々のヒントになればうれしい。

現在エイチ・アイ・エスは、私が会長で、社長は40代前半である。もともと平均年齢の若い会社だ。20代~40代の若い社員や幹部たちが、存分に働いてくれている。

私は、彼らはエイチ・アイ・エスの「第2世代」だと思っている。第1世代は、私を含む創業期からのメンバーだ。

今後しばらく、あと15~20年くらいは、第2世代が立派に戦ってくれるはずだ。彼らは、私たち第1世代が完成させられなかったエイチ・アイ・エスの世界戦略を確固としたものにしてくれるだろう。そして、第3世代を担うのは、ごく最近入社した社員や、これから入社してくる人たちになるはずだ。

自分で創業した会社なのによく人に任せられますね、とよく言われる。そういう経営者は珍しいそうだ。


私は、人間の人生から考えても、あるいは過去の事例を見ても、企業は30年が一区切りだと考えている。年かさの人間がいくらもっと続けたいと思っていても、時代は否応なく変化し続けている。そこを、世代を超えてつなぐことができるか。それが、企業の持続可能性を握っていると思う。


私が創業した頃、インターネットなどまったく普及していなかった。コンピューターは研究者とマニアの道具で、もちろん携帯電話もなかった。

エイチ・アイ・エスは、ネット社会、モバイル時代には、先頭を切って対応してきた。しかしここ数年のスマートフォンやソーシャル・ネットワーキング・サービス（SNS）の急激な普及を見るまでもなく、社会の変化のスピードは著しく上がっている。

その現実と向き合えば、若い人ほど早く、正確に対応できることは明らかなのだ。

だからこそ、設立から30年経過したら上の人間はいったん引き、思い切って新しい世代にまかせてみることに決めていた。最初のうちは伴走しながらだったが、いまではほとんど手がからない。第3世代となる新入社員の面接も、すべて現在の経営陣や幹部に任せている。

ブームのちょっと手前をつかむ

私は人と同じことをすることがあまり好きではない。ここまで読んでくださった読者はもうご存じのとおり、私は相当なあまのじゃくだ。

留学といえばアメリカやイギリスという時代にドイツに留学することに始まって、あれだけ沸いていたバブル期には決して事業の多角化や土地、株の売買に走らなかった。

もっともベンチャー企業の経営者が、周りと同じことばかり好んでしていては価値を生み出せない。そもそも人と同じことをするのが嫌いだったからこそ、皆と同じように就職せずに起業したのかもしれない。

古い話で恐縮だが、70年代の前半にはボウリングの大ブームがあった。テレビのゴールデンタイムに何本もレギュラー番組があって、プロボウラーは大スターだった。当時留学前でアルバイトに熱心だった私には、いかにも行き過ぎに見えた。実際、留学・旅行から戻った頃には、すっかり潮が引いていた。

ブームになることそのものを否定はしないのだが、前にも述べた通り、一方向に強い勢いがつくと必ず行き過ぎを生じる。そしてバランスを取るために、行き過ぎれば行き過ぎるほど、揺り戻しも強烈になる。70年代の後半には、廃業したボウリング場があちこちで廃墟と化し、子どもたちの格好の探検場所になっていた。

ブームには乗らない。ブームが来ているときは、もう半分終わりである。クレバーに行くのなら、ブームになる少し手前に乗ることが大切だ。

ハウステンボスで言えば、ＡＫＢ48をお招きしたのは２０１０年、「ＯＮＥ　ＰＩＥＣＥ」も、大ブームになる少し前だった。エンターテインメントだから、まったくブームを無視して進むわけにもいかない。しかし、ピークにあるものに飛びつかず、これからの伸びしろがあるコンテンツを選ぶことが大切だと思う。

旬を意識はするのだが、誰もが旬だと思う段階よりも前の、感度の高い人は知っている、という段階をつかみたい。なぜなら、まだブレイク前だからコストはそれほど高くないのに、感度の高い人にいち早く訴求できるからだ。

一方で、老若男女に知れ渡るようになり、連日テレビを賑わすようになり始めたら、そろそろ降りる準備を始めたほうがいい。

メールを見なくなった理由

エイチ・アイ・エスが急成長を遂げたきっかけのひとつは、ネット社会の急速な普及があると思う。

私たちはネット社会の到来を早くから予想していた。コンピューターとネットの普及は、劇的なコスト低下を可能にする。予約、経理の支払い、そしてメッセージの伝達。私は80年代の半ば、この種の業務のほとんどがコンピューターで処理されていて、しかもネットワークで共有できるという現実をアメリカで目の当たりにし、驚愕した。

旅行業のなかではいち早くシステム関係の人材を確保し、ソフト会社と提携して時間をかけて開発し、90年代のはじめにはイントラネットを導入した。一般には、メールもネットもほとんど普及していなかった頃だ。

このようにエイチ・アイ・エスは情報社会への対応の早さが自慢なのだが、ではいまの私はどうかと言うと、流行のフェイスブックやツイッターをはじめとしたSNSに触れていないばかりか、メールを見ることさえもやめてしまった。

まず、私はSNSや電子メールの「効用」を否定したり、活用している人に反対したりするつもりは全くない。情報を得る道具として、仕事やプライベートの連絡用としても便利だというのはそのとおりだ。良いネットワークが作れるという効果もあるだろう。

しかし、重ねて強調するが、世の中には必ず陰があれば陽がある。表があったら裏があるのだ。ネットで情報を取る行動は、時間もかからないし、手軽で効率がいい。だが、あまりにバーチャルに行き過ぎると、必ず反動が来る。

そもそもリアルがあってのバーチャルなのであって、バーチャルの価値はリアルがあってこそだ。バーチャルの本質的な価値がリアルを超えることはありえない。それがわかった上でバーチャルなものを使っているうちはいいのだが、近年はどうもリアルが存在しているという前提を忘れてしまった人たちが増えているように思う。

陰と陽、表と裏、リアルとバーチャル。結局何事もバランスであり、崩れれば必ず悪い影響を及ぼすことになる。

付け加えれば、みんながバーチャルに溺れているときこそリアルの価値が高まるから、お買い得だということも言える。

最近はメールも見なくなった。これは我ながら極端で、秘書をはじめとする社員には面倒をかけているのだが、それでも決断した理由は、一時、あまりにメールに対処することで時間を奪われてしまい、ものを考える時間を圧迫し始めたからだ。それは私にとって恐るべきことだった。一時は携帯電話を持つのをやめたことすらあった。

私の判断は極端で、メールも携帯電話も使ったほうが便利に決まっているし、インターネットなしで今後の会社経営が成り立つはずもない。それでも、経営者が今後の情報革命について考える時間をメールや携帯電話が奪うのであれば、躊躇なく切り捨てる。それが私の判断だった。

そして、やめてしまっても意外に何とかなる。いま社員から私への連絡は口頭、もしくはファクスが原則となっているが、それで問題は起きない。

そして捻出できた時間で、ネットの研究をすることも怠っていない。メールすら見ないはずの私が、ときどき抜き打ちでハウステンボスのホームページをチェックしたりしている。

リアルとバーチャルのバランスが保たれ、うまく重なったところが、一番のスイートスポットなのだ。

2 企業活動のゴールとは？

企業は人

ソニーやパナソニック、シャープといった日本の大手電機メーカーが苦しんでいる。その理由として、創造力の低下や東日本大震災の影響、あるいは円高などの理由が挙げられている。私はもとより畑違いの業界を歩いてきた人間だから、偉そうなことを言うつもりはないし、また言える資格もない。

だがあえて言えば、どんな業種でも、結局企業は人だと思う。しっかりしたリーダーのもとに優秀な人材が集い、本気で時代に打ち勝つ覚悟を固め、気合いを入れてやれば良くなる。

資源も土地もなく、当初は技術すらなかったシンガポールが、日本を超えるほどの1人当たり国民所得を誇るアジア有数の豊かな国になれた理由は、勉強熱心な国民が、リー・クアンユーといういいリーダーに恵まれたからだと思う。リー・クアンユーについては良い評価をしない向きも多いことは知っているが、現実が彼の正しさを証明している。

韓国のサムスンも同様だ。当初は見るべき技術など持っていなかった。しかし、先代のイ・ゴンヒ氏は、変化を恐れず、変わり続けることを徹底して説いてきた。

シンガポールだから、サムスンだから可能だったのではないと思う。それはタイでも日本でも、もちろんソニーでもトヨタでも同じだと思う。

国家も企業も、まずはリーダーが大切だ。付け加えるならばブレーンの優秀さも重要だ。リーダーやブレーンたちが時代に合った政策や経営方針を打ち出せなければ、どんな会社でも滅ぶし、国であれば没落する。

日本を見ていて歯がゆいのは、例えば企業を公的に支援する際、お金だけを入れればいいと思っている人が多いことである。私は、いち早くリーダーを変えるべきだと思う。順序を間違えれば、いたずらに延命し、国の借金が増えるだけだ。

少しはポジティブなことにも触れておこう。いま述べたようなことを裏側から見れば、ソニーやパナソニック、シャープのような大企業もあっと言う間にピンチに追い込まれてしまうほど、いまは世界の動き、変化が激しいということだ。

逆に、グーグルやフェイスブックのような企業があっと言う間に世界的企業に成長する。自社ではほとんど製造手段を持たないアップルが、ほんの数種類の製品だけで世界中のメーカーをリードしてしまう。本当にすごいことだ。

だからこそ、これからチャレンジしようという人には大きなチャンスがある時代なのだ。ドラスティックな変化をうまくつかめば、人の力だけで既存の大企業とも伍していくことができる。私が起業した頃には考えられなかった世の中だ。

知識と経験値は違う

若い人には、大きなチャンスがある。ところが多くの若い人に、典型的に欠けている認識があることに触れておきたい。それは、知識と経験値の違いだ。

多くの若い人、若い企業がチャレンジし、大半は消えていく。うまくいく企業とそうでない企業、あるいはそれぞれの経営者を分けているのは、知識と経験値の違いを知っているか否かではないかと思う。

知識というのは、先程も述べたようにインターネットを検索すればいくらでも仕入れることができる。知りたい分野の本を買ってきて100冊も読破して全部頭に入れれば、大概のケースで知識で負けるようなことはなくなる。大学で勉強することも同様だ。一生懸命知識を仕入れれば、とりあえず良い成績をもらうことはできる。

では、松下幸之助や井深大、本田宗一郎やスティーブ・ジョブズといった大実業家の本を100冊読めば、誰でも大実業家になれるだろうか？　もっとわかりやすい例を挙げよう。プロゴルファーが書いた本を100冊読めば、彼らと対等に勝負できるだろうか？　それどころか、クラブを振ってもボールに当たらないことすらあるかもしれない。当たっても、きっと真っすぐは飛ぶまい。

それよりも、本など1冊も読んだことはないけれど、10年間無心にクラブを振り、練習を続けてきた人のほうが上達することは間違いない。少なくとも空振りはしないし、ボールもコントロールできるようになっているはずだ。

バーチャルは結局どこまで行ってもバーチャルであり、知識はどこまで極めても知識でしかない。それと同時に、体でリアルなものを感じる、景色を見て全身で美しさに感動する、風の匂いや温度を感じるといった、自ら体験したものを組み合わせなければ、どこかで聞いたような話、誰もが知っている情報、一見立派なようで大した価値のないものから自由になることができないのだ。

一生懸命勉強しながら、いろいろ自分で体験してみる。このバランスこそが、世界を切り開く新しい価値を生み出すのではないかと思う。

微力ながら、私もその役に立てればと思い、ハウステンボスの新しいアトラクションに、自分なりの考えを活かしてみることにした。

2012年初めにオープンした「アドベンチャーパーク」という施設は、遊園地ともテーマパークとも異なる、スリルを味わえて自然を満喫できる仕掛けになっている。「シューティングスター」は、日本最長の300mのワイヤーロープで、風を切りながら運河を超えて滑り降りるアトラクション。そして「天空の城」は日本最大級のアスレチックだ。丸太とロープで張り巡らされているコースを進むのだが、高さが最大で9mもある。大人でも十分楽しい。実際に私もトライしてみた。

テレビゲームやインターネットばかりで遊ぶようになってしまった子どもたちの五感を、風を切る音や丸太の感触で刺激したい。体を使うということは、本来人類が長い間生きてきたなかで、当たり前のように経験してきたはずのことだ。しかし最近はあまりにバーチャルに寄りすぎてしまい、リアルな経験に感動する機会が減ってしまっていることを、私は大いに懸念している。

感動という字は感情が動くと書く。私は、本当に感情が動くのは自ら進んで動いたときではないかと思うのだ。

自分で動く。自分で感じに行く。そういった根本が確保されてこその知識なのではないだろ

うか。そこに気づけた若い人は、強力なオリジナリティーを発揮できるようになる。結果として、大成功の入り口に立つことができるはずだ。

変わり続けることこそが価値

人間も、そして企業も、変わらなければ絶対におかしい。なぜなら、自分を取り囲むものが絶えず変化しているからだ。しかもスピードはどんどん速まっている。

もし、宇宙が変わらず、地球も変わらず、日本も変わらないのなら、企業も変わる必要などない。だがエイチ・アイ・エスのある新宿を創業当時といまとで比べても、驚くほど変化している。終戦直後や、江戸時代と比べれば、同じ場所とは思えないだろう。

30年前、コンピューターや携帯電話を個人で使っている人などほとんど皆無だった。ゴロンとした不恰好な携帯電話を使う人が街でちらほら見かけられるようになったのは、ほんの20年前だ。いまでは持っていない人を探すほうが難しい。そんな時代の変化の中で、自分だけ変わらずに成功しようなどと考えること自体が間違っている。

大企業、歴史ある企業が生き残るのではない。時代の変化についていける企業が生き残るのだ。変化に柔軟に対応できる体制がなければ、どんな大会社でもつぶれる。自動車で世界を制覇したゼネラルモーターズも、フィルムで世界を制覇したコダックも破綻したのだ。

かつて地球の王者だった恐竜は環境に合わなくなったために滅びた。いま成功しているかどうかは関係なく、エイチ・アイ・エスも、変化に対応できなくなればあっと言う間に危機に陥るだろう。

人が変われるかどうかはその人次第だが、企業の場合は、人事的な方法で比較的簡単に手を打つことができる。

それは、ときどき少数の「変な人間」を採用することだ。

魚を運ぶとき、同じ種ばかりの水槽に一匹だけナマズを放り込んでおくと、緊張感が生まれて魚が体力を保つという。また、抗菌グッズだらけで、ばい菌の全くない環境で育ってしまうと、人間は免疫力を失ってしまうそうだ。

「変な人」をばい菌呼ばわりするのは我ながらあまりにひどいと思うが、要するにそういうことだ。企業は、ある程度成功し、利益を上げるパターンが決まってくると、やがて中にいる人間たちも均質化されてきてしまう。最初は企業然としてきて、一見洗練されてきたように見えるが、創業した頃の熱さ、発想力、活力が、知らないうちになくなっていくのだ。

そこで、あえて会社のカラーと違う人間、違う業界で揉まれてきた人、あるいはある意味めちゃくちゃな人物を採用し、組織に入れてみる。もちろん、社会のルールを守れるレベルであることは言うまでもない。

すると、「菌」を入れたはずなのに、組織がより健全な姿になっていく。これも、以前述べたバランスに関わることかもしれない。

いまうまくいっていない日本企業には、このプロセスが欠けているのかもしれない。有名企業になればなるほど、革新性よりもステイタスや安定感を求めて、ベンチャー精神よりも公務員的なメンタリティを抱えた「優秀な」人材が集まるようになる。彼らは確かに優秀なのだが、誰も知らない未来を感じ取ることや、現状を疑い、ときに否定して問題を掘り起こすことには長けていないことが多い。そんな人ばかりで固まってしまえば、あとは変化に気づかないまま、あるいは気づいても対応できないままに、組織全体が没落の一途をたどってしまうのだ。

3　日本はどうなる？

暗い話はそろそろやめよう

序章でも少し触れたが、現在の日本経済は、ちょうどかつてのハウステンボスのようだと思う。ハウステンボスは、バブル崩壊後の日本経済、日本企業の縮図だ。

財務状況もまさに同様だ。収入が少ないのに、多額の不効率な経費を見逃している。ちょうど税収の倍以上予算を使わざるを得ない政府の財政のようだ。

でも、そろそろ後ろ向きな発言はやめようではないか、と言いたい。ネガティブなことばかり口にしていれば、誰もがネガティブなことを言い始めてしまう。しかしひとたび、嘘でもいいからポジティブな物言いに転換できれば、どんどん前向きなアイディアを思いつけるようになるはずだ。これは前の章でも述べた。

はっきり言って、いまでも日本はアジア人の憧れの地である。治安は良く、人々は優しく豊かで、食事はおいしく、自然はいっぱいある。そして、すべてのクオリティが高い。日本人の多くがそこに気づいていないのは、海外を知らず、「当社比」でものごとを考えてしまうからだ。

これはハウステンボスもまったく同様だ。日本人、長崎県民や佐世保市民の眼には、なかなか利益の出ないテーマパーク、お荷物と映ったかもしれない。しかしハウステンボスを訪れた海外の観光客は口をそろえて、清潔さを評価してくれる。だったら、「東洋一の美しい街にする！」と嘘でもいいから言って、改革を始めたほうがいい。

財政均衡より大切なもの

私は政治家でもないし、政治的な野心もない。だからこそ、これからの日本を担う政治家や官僚の皆さんに、ひとつだけお願いしたいことがある。

２０１２年、政治のテーマは「社会保障と税の一体改革」だった。消費税の税率アップをめぐって民主党は分裂し、政界はいまだに混沌としている。

双方の主張に文句をつける気はない。そして、社会保障も税制も大変重要なテーマであることにも異存はない。

でも、一国の政治が、一国のリーダーが語ることのほとんどが、社会保障や税制だというのは、いかにも不健全ではないだろうか？

いい政治でも、いい経済政策でも、もちろんいい企業でも、未来においていまよりも良くなるには、5年後、10年後のゴールをどこに置き、そのためにいま何をなすべきかを考えることが、もっとも肝要だと思う。もしエイチ・アイ・エスが、魅力的なツーリズムの提案よりも、社員の福利厚生に関する議論を優先するようになったら、ハウステンボスが、テーマパークを超える観光ビジネス都市への脱皮よりも、従業員への分配を優先して考えるようになったら、おそらくお客様からは見放される。結果として、福利厚生も分配も絵に描いた餅になってしまうのだ。

夢のあるビジョン、実現したい将来を考え、議論する。国会はそれを議論する場であってほしいと強く願う。社会保障や増税について話し合うなとは言わないが、全体の半分くらいに留めておいてほしい。ネガティブな、マイナーなことばかり言い合っても、お互い気が滅入るだけだ。やがて本来元気な人まで足を引っ張られてしまう。

明日を見据えた、明るくてシンプルな長期的政策を打ち出せる政治家の登場を期待したい。

4 未来を担う人に必要なこと

前述のように、私はすでにエイチ・アイ・エスの経営のほとんどを若い第2世代に任せているから、採用のプロセスにもタッチしていない。

したがって、新入社員たちと初めて顔を合わせるのは、入社式の場となる。

最近の若い人については、「ゆとり教育」の影響もあって、あまり芳しい話を聞かない。しかし私が毎年の入社式で「定点観測」している限りにおいては、年々優秀になってきているような気がするのだ。だから、私自身は決して若い世代に関して悲観してはいない。

若い人は優秀

というのは、入社式で講演をしたあとの質疑応答で、新入社員から質問を受けるのだが、年々質問のレベルが上がっていると感じるのだ。かつては、ただ単に旅行が好きで、という段階の人間が多かった。それはそれで必ずしも悪いわけではないのだが、最近は経営的な視点を持った質問が当たり前のように出てくる。営業政策において、店舗の新規展開とインターネット技術の一層の進展をどう両立するのか、などという、証券会社のアナリストのような鋭い内容なのだ。

エイチ・アイ・エス自体の人気が上がり、以前よりも優秀な学生が集まってくれるようになったことも影響しているとは思う。ただ、すでに新入社員は平成生まれである。景気の良かったころの日本を知らない世代なのだ。みんなと手をつないで同じ行動をしていただけでは手詰まりになることを十分意識していて、自ら勉強することの大切さをよくわかっているのではないだろうか。

頼もしい限りである。これひとつ取ってみても、私はまだまだ日本も捨てたものではないと思う。「ゆとり世代」などというレッテルは、勝手に貼らせておけばいい。負けずに胸を張って頑張ってほしい。

自分を裏切る

そんな若い人々に、余計なお世話とは知りながら、大きな期待を込めて、いくつかアドバイスめいたことをしてみたい。

いま、賑やかな街を、多くの人が歩いている。彼ら、彼女らの眼には、何が映っているだろうか？　ちょっと目をつぶって想像してみてほしい。

ある人にはおしゃれなブティックが、ある人には道路を行き交う車が、またある人にはラーメン店が見えたかもしれない。

人間には、自分で見ようと思わないものは見えないのだ。

ファッションを気にしている人は、ファッションに関するものばかりに目を奪われ、ラーメン店は意識しない。車を買おうと思っている人には、ラーメン店は見えてこない。おいしいラーメンのことを考えながら、ブティックのショーウィンドウをまじまじと覗き込む人はいない。

同じ街を歩き、同じ景色を前にしているのに、見えているものは違う。裏返せば、一生懸命見ているつもりでも、実はあまりに多くの要素を見落としているのだ。

私は新聞や雑誌の取材を頻繁に受ける。毎回できるだけ全体的な答えをするように心がけているのだが、記事になってみると、取材者の興味のあることだけを拾い上げていることが多い。その他の大切なことについても話しているのに、耳に入らないのだ。

私たちは、自分でもびっくりするほど、自分に縛られている。それは予断とか先入観、あるいは過去の成功体験や過剰な自信と言える。そして全方位に気を配ることをせず、すでに自分の頭の中にある要素だけで情報を整理してしまう。

これからの人たちには、この段階をぜひ乗り越えてほしいと思う。世界にはいろいろな見方、考え方がある。そして世界そのものがどんどん変わっていく。いま自分が見ているものがすべてだと決めつけず、そう思う自分を裏切れる軽やかさ、柔軟さを併せ持ってみてほしい。

歴史的な観点でいまを見る

歴史というと、好きな人ならまだしも、そうではない人にはやや時代がかった、中高年の趣味のように映るかもしれない。時代劇を想像する人もいるだろう。

しかし、ここで私が言う歴史的観点とは、もっと最近のことだ。

もし、いまあなたが20代で、多少なりとも勉強をしてきたのであれば、自分が物心ついてから、日本や世界でどんなことが起きたかは大体把握しているだろう。

では、なぜ時代は、あなたが把握しているように流れていったのか？　その源流はどこにあるのか？　そして、その流れはこれからも続くのか？　続くとしたらどのくらい持続するのか？　そんな観点を、歴史的と言いたいのだ。

別に歴史学者になるわけではない。細かく知るよりも、「贅肉」をそぎ落とし、おおまかな流れを把握するほうがむしろ役に立つ。

いま、日本はなぜ不景気から抜け出せないのだろうか？　それは、1990年ごろ、バブル経済が崩壊したことがきっかけだ。

では、本当にバブル崩壊だけがその原因なのだろうか？

日本の平均株価が4万円目前という史上最高値をつけるわずか1か月半前、ドイツ分断、そして冷戦の象徴だったベルリンの壁が、市民の手によって崩壊した。1か月後には米ソ首脳によって冷戦の終結が宣言され、東西ドイツは翌年に統一された。ヨーロッパをさんざん旅した私にとっても、そしてそうではない人にも、とても感動的な時代だった。

しかし、日本のバブル崩壊とは一見関係なさそうに見えるこれらのできごとは、実はその後の日本経済を巻き込む大転換点だった。

それまでは、武力と政治力によって隔てられていた東欧諸国や、中国、ベトナムなどの社会主義陣営の人々が、安価な労働力として大量に市場に流入してきた。時はあたかも情報化が進み、人、モノ、カネの行き来が盛んになり、国境の壁はどんどん低くなって世界はグローバル化した。

歴史的にはいいことに思えるが、日本は「共産主義の防波堤」としての地政学的な価値が低下しただけでなく、それまで誇ってきた製造業が熾烈な価格競争に巻き込まれてしまった。デフレからなかなか抜け出せなくなった原因のひとつは、東西冷戦の終結にあるのだ。

あの時代を生きていた人が、いまどれだけこの事実に気づいているだろうか？

こうした、大きな歴史のうねりのようなものには、なかなか若いころは気づけない。だが、早く身につければつけるほど、言い方を換えれば、身につけてからの「余命」が長ければ長いほど、ビジネスには有利になる。迷ったとき、地に足のついた判断ができる。

18世紀にイギリスで始まった産業革命は、イギリスだけでも1世紀近くかかった。しかしいま進んでいる情報革命は、その数倍のスピードで進行している。そしてその分だけ、世の中の動きも加速している。一気に情勢が変わり、バランスを崩しかねない危うさを秘めてもいる。

少しだけ筆を滑らせよう。１９４１年に日本が戦争に突入する前は、ずっと軍が政治をリードしていたように思われがちだが、必ずしも正しくはない。それなりに国民国家として機能していたのに、ある時点から急に右傾化のスピードが速まったのだ。

私は、いまの日本を見ていると、少し右にバランスを崩しかけているように思う。ここでも、やはりバランスは大切だ。

国を愛すること自体は悪いことでも何でもない。ただ、ロジックを超越した世界に入ってしまうと、あっという間に戦争にまで発展しかねない危うさを、いまの日本が持ち始めていることが私は気がかりだ。ただでさえ日本人は一方向に向きやすく、また火がつくとあっと言う間に同調する性格を持っている。

それでなくとも、2012年、日本をとりまく領土問題が一気に緊張感を高めている。アメリカの力は衰退する一方なのに、中国の台頭は続いている。そして領土問題……。日本人の多くが中国に不快感を持つようになってきている。

いまならまだ常識が働くはずだ。しかし、なにか偶発的な事件が起き、国民のナショナリズムを過剰に刺激するようなリーダーが現れたら？　不測な事態が起きないとも言えない。

話を戻そう。私たちはいま、歴史の大きな転換点のど真ん中を走っている。変化の勢いがすごいことだけは確かだ。その背景は、情報と通信、そして運輸の革命的な進化である。

そのなかでアメリカとヨーロッパがゆっくり沈んでいき、アジアが上昇していく。

では、その中で、どんなチャンスが隠れているのか。どんなリスクがあるのか。意外にそのヒントは、過去の歴史の中に転がっているのだ。

ハングリーさ

失敗を恐れ、チャレンジしない人が増えている。くり返すが、私は、いい失敗をしてほしいし、したほうが結果的に得だと思う。

もちろん、失敗なのだから、短期的には損をする。しかし、若いときの失敗ほど、あとから大きな実を結ぶ肥料になる。

日本を代表する有名企業は、かつてみんなチャレンジャーだった。失敗を恐れなかった。そして数々の失敗の中から、自分たちの価値をつかみとってきた。

誰も見たことのないモノやサービスを作ってやろう、でも、みんなをびっくりさせてやろう、でもいい。とにかく世の中が変わっていく以上、挑戦を続けないことには衰退するだけである。

すでに述べたように、失敗すれば命を失ったり会社が潰れたりするような無謀な挑戦や、法に触れたり人に迷惑をかけるようなことはしてはいけない。

一方で、過剰にそこを気にして、節度あるチャレンジすら拒むようになってしまうと、どんどんつまらない人間・企業になってしまう。

夢を持つこと、チャレンジすることの最大の目的は、それを達成することだ。でも、夢を持っている、チャレンジする、そのために頭を悩まし、体を動かすことそのものも、成功するのと同じくらいの価値を持っているのではないだろうか。

成功など、いつかすればいい。そもそもいきなり成功することなど滅多になく、失敗して鍛えられた結果、だんだん確率が上がっていくのだ。

だから、失敗することなど気にせず、とにかく、チャレンジ、またチャレンジである。

戦後の焼け野原では、さまざまなチャレンジャーが存在していた。その多くは伝説と化しているが、言うなればハングリーにならざるを得ず、チャレンジしないことには食べられなかったという事実もある。

しかし時代は豊かになり、チャレンジしなくともそこそこ平穏な生活が送れる。むしろ、チャレンジして失敗すると食べていけなくなるのではないかという考えに支配されている人のほうが多いのかもしれない。

だが、ものは考えようだ。チャレンジする人が少なければ少ないほど、チャレンジすることの希少性が上がる。前に述べたように、そもそも日本は豊かなのだから、チャレンジに失敗しても滅多なことではご飯が食べられなくなることもない。だから、ハングリーな人が減っているいまこそ、チャレンジする価値が出てきている。

きちっとした仕事をしよう、無難にこなそう、という発想から、少し自由になってみたらどうだろうか。もしあなたの下に部下がいるのなら、積極的な失敗はむしろ怒らず、褒めてあげるくらいの度量を持ってみたらどうだろう。

豊かな社会でハングリーさを保てるのか、という疑問を持つのなら、スイスに行ってみるといい。スイスはとても豊かで、環境も良い国だ。しかし、食品のネスレや製薬のノバルティス、さらに日本人にはあまり知られていない世界的な企業がいくつもある。すでに豊かなのに、どんどん新しいビジネスを進めている。

豊かさとハングリーさは、反比例しないと思う。精神的なハングリーさは、物質的な豊かさの中でも持ち得る。いまの時代、ハングリーな人が少ないというのならば、私なら、むしろ希少性を評価してそんな人を積極的に採用してみたい。

違うタイプの人間と付き合う

人にはそれぞれ性格がある。そして、「ウマが合う」という言葉を使う場合は、だいたい性格が似たもの同士のつながりであることが多い。

しかし私は、あえて自分とは違うタイプの人間と付き合ってみることをすすめたい。自分のことを慎重な性格だと思うなら、向こう見ずな人と。大雑把と思うなら繊細な人と。数学が苦手なら、得意な人と。

まず、すでに述べたように、私たちは自分に縛られている。同じタイプ、同じ性格の人間と付き合っていると、お互いを素直に認め合うだけだから、新しい視点や考え方を吸収することが少ない。ラクで楽しいのだが、保守的、自己弁護的になりがちだ。

違うタイプの人間と意識して関係を深めると、まず世の中は自分のような人間だけで構成されているわけではないという当たり前の事実が、深く理解できるようになる。すると、思考の

幅、吸収しようとする知識の範囲が広がっていくという効用がある。

もうひとつは、少し先の長い話だが、違う能力を持っている人のほうが、ビジネスパートナーとして一緒に取り組みやすいというメリットがあることだ。

ここまで本書をお読みいただいた方の中には、いずれ起業したいと考えている方も多いかもしれない。そんな性格の人が、同じようなタイプとばかり付き合っていると、遊んでいるうちは面白いが、お互いにわがままだから手を組んで事業を進めることは意外に難しいものなのだ。

ある程度事業が順調に進んでくると、人を採用するようになる。私の経験上、社員30人くらいまでのレベルであれば、一人ひとりの名前や担務はもちろん、家族構成から性格、ものの考え方まで把握できる。部署や役職を作っても、何か重大な問題が起きれば、経営者自らが対処に当たることもできる。

ところが、200人、300人という規模になってくると、そんなことは到底不可能だ。部署を細かく分け、仕事を分掌しなければ到底やっていけない。

そのとき、例えば経理を任せられる人は、私の場合は間違いなく自分とは性格が大いに異なるタイプの人間だ。自慢ではないが、もしも私が財務をやっていたら、エイチ・アイ・エスのいまはないと断言できる。

経営者だから大まかな数字はチェックできるし、できなければならないが、細かい財務諸表を、１点のミスもなく仕上げることなど、私には到底不可能だ。

しかし、エイチ・アイ・エスの経理担当は、堅い人が多い。なんでこんなに堅いのか、ちょっとくらい融通をきかせてくれてもよさそうなのに、と思ってしまうほどだ。石橋を壊すまで叩いているのではないかと思ってしまう。

エイチ・アイ・エスは長い間急成長してきた企業だから、イケイケドンドンの、リスキーな経営をしてきたと思われがちだ。私の意のままにやっていたら、あるいは本当にそうだったかもしれない。

しかし実際は、極めて慎重な経営に終始した会社でもある。その証拠に、私たちはレバレッジ（てこ）をかけなかった。つまり、事業が好調なときには、一般に積極的に借金で資金調達をして、本来の実力以上のギアをかけて事業を拡大し、急成長を目指すものである。しかしエイチ・アイ・エスはかたくなに巡航速度を守り続け、無借金経営にこだわった。

結果として私たちのビジネスモデルは正しかったのだから、レバレッジをかけていればそれだけ早く成長できたという見方もできる。でも、その分目先の利益に踊らされず、じっくり研究や開発、人材教育に没頭できたという誇りがある。

堅実な経理・財務担当がいたからこそ、安心して経営ができたのだ。

もちろん、彼らの価値観では、ハウステンボスの再建など絶対に引き受けられない。そういう決断のときこそ、私のチャレンジャー性、あるいは無謀さ、あまのじゃくさが活きる。

もし起業を目指すなら、いろいろなタイプの人と付き合っておくことをすすめる。後々の会社が健全なスタイルになる。本田宗一郎と藤沢武夫、あるいは盛田昭夫と井深大の例を持ち出すまでもない。

同時に、部下と性格が合わないというだけの理由で冷遇してはいけない。成功する経営者は、いい野球チームの監督にもたとえられる。

豪速球のピッチャーとホームランばかりの打者だけでは勝てない。出塁率の高い打者、送りバントのうまい打者、足が速く盗塁が得意な選手、他チームのデータがすべて頭に入っているキャッチャー、守備なら誰にも負けない選手、みんなが意気消沈しているときに元気づけるすべを知っている選手……。こうしたオールスターが揃ってこそ健全な経営ができるし、また経営者であろうとすれば、どんな選手も最大限有効に使うよう努力しなければならないと思う。

5 起業を目指す人へ

起業の目的

最後に、起業を目指す人、いつかはしたいと思っている人に、私なりのエールを送りたいと思うのだが、そうは言っても私は、事業を起こすことの意義を大所高所から説けるほど、立派な意識を持って会社を作ったわけではない。

私が、留学先のドイツから日本に戻ってきて起業した理由は、就職はしたくない代わりに、とりあえず食べなくてはいけないという、極めて現実的なものだったのだ。

創業当時の状況はすでに述べたとおりだが、ある程度事業が軌道に乗ってからも、会社を成長させなければならない理由は、とにかく自分や自分の家族、そしてスタッフたちが食べていくことだった。小さな会社なのだから、必死にやらなければあっと言う間につぶれてしまう。食べていくため、つぶさないために頑張る。当初はそういう意識だった。

しかし、会社が大きくなってきて、環境も人材も設備も整い、知名度も上がってきた頃から、少しずつ考え方が変わってきた。会社を良くするにはどうすればいいのか、もっと社員に報いるには何をすればいいのか。さらに、地域のため、もしくは旅行業や観光業のため、もっと言えば地域や日本のためにどうすれば役立てるのか。そんなことは創業当初考えたこともなかった。

いま振り返ると、企業は、そのときの規模や時代の変化に合わせて、ミッションもまた変化していくものだと思う。最初から崇高な目的を掲げて、世のため人のためと頑張るのもいいけれど、それは大抵の場合背伸びであり、無理をすればするほど実現できず、ただの「かっこつけ」になってしまう。

だったら、私のように、とにかく食べていかなければいけないのだから、最初は「食べるため」が起業の目的でいいのではないか。開き直ってしまっていいと思う。

そんな私でも、60才を過ぎたいまは世の中のため、観光業のため、あるいは九州のためなどという目的に、とてもやりがいを感じている。社会に貢献していることをうれしく思う。それは会社が成長した結果であり、また私自身も少しは成長し、させていただいたからではないかと思う。恩返しは、そこからでも遅くはないのだ。

だから、とにかく自分が一番やりたいことから始めればいい。

ただし、自分が未熟だと感じているうちは、あれこれと事業に手を出すことはやめておいたほうがいい。

バスケットで天才、神様と呼ばれたマイケル・ジョーダンでも、野球に転向したら使い物にならず、メジャーリーガーにはなれなかった。もちろん普通の人に比べれば上手なのだろう。でもプロとしては通用しないのだ。

私は、あれもこれもやっているように誤解されるが、事実は違う。経営のプロとして、1社の経営を手がけているだけだ。それを逸脱してしまった証券事業での経験は、痛切な思いとして残っている。

いまはハウステンボスに注力しているが、それはエイチ・アイ・エスをほぼすべて第2世代に任せられるからである。

自分は天才で、何をやってもうまくいくと勘違いし始めたら危険信号だ。始末の悪いことに、ある程度までであれば、掛け持ちできてしまうこともある。

ちょっと実力がついてくると、あれもこれもやりたくなる。それは厳に慎むべきだろう。いまさらのように「選択と集中」とよく言われるが、それはもともと事業を分散しすぎたという間違いがあってのことなのだ。

守りと攻めのバランス

私がベンチャー企業を見ていて残念だと思うのは、往々にして守りと攻めのバランスが悪く、討ち死にを余儀なくされることだ。

チャレンジする心、力が旺盛なのは、一見良さそうに見えて場合によっては危険な行為にもなりうる。エイチ・アイ・エスの場合、ある時期には、チャレンジ力を全体の6〜7割に引き上げ、またある時期には守りを6〜7割に持っていく。このバランスをどう取っていくかが大切だと思う。

無論、ベンチャーである以上、一切チャレンジをしないわけにはいかない。もともと何もないのだから、チャレンジなくしては何も生み出せない。

ただし、チャレンジである以上成功するかどうかはわからないし、予測不可能なことは頻繁に起こる。チャレンジの領域を増やせば増やすほど、ビジネスは前途多難の度合いを増し、ぐらつくことも多くなる。

私の場合は、基本スタンスを「チャレンジ5：守り5」に置く。景気や、自社の状況が通常の状態であれば、半々でいいと思う。

チャレンジ６〜７に対して守りを３〜４に置くのは、景気も、自社の状態もあまり思わしくないときだ。これを逆に考える人が多い。

エイチ・アイ・エスが、バブル崩壊の真っ只中に、あえて日本一の店舗をつくって攻めたことはすでに述べた。もちろん失敗すれば即倒産というわけではない線はしっかりキープしつつ、思い切って打って出た。当時、日本の旅行業界で、そこまでのチャレンジをしたのはエイチ・アイ・エスだけだった。だからこそ価値があったし、大きく成長することができた。世間の雰囲気がどんどん暗くなっていく中で、社員のモチベーションを保つことにも貢献した。普通なら、景気が悪いのだから守りを中心に考えていくはずである。

逆に、チャレンジを３〜４に抑え、守りを６〜７に上げるべきなのは、景気が良く自社の成績も急成長しているときだ。エイチ・アイ・エスで言えば、バブル期に浅草に「一時撤退」したようなことが当たる。当時は新規の投資も抑制していた。調子に乗ってレバレッジをかければ、あっと言う間にバブル崩壊の渦に巻き込まれ、存在すらしていなかったかもしれない。おとなしくしているくらいでちょうどいいし、そんなときは保守的に経営していても、一定の利益は上がるものだ。

この手法は、世間で言う「逆張り」とも言える。ベンチャーなのだから、みんなと同じことをしてはいけないと思う。おしなべてみんながすることは、価値が薄いのだ。

「石の上にも3年」の本当の意味

講演会などで、若い経営者や起業を目指す人にアドバイスを乞われると、私は決まって「『継続は力なり』、『石の上にも3年』です。やると決めたら、3年間は歯を食いしばる覚悟で頑張ってください」と声をかけるようにしている。もちろん、嘘でも何でもない。

だが本当は、この言葉には続きがある。「でも、もし3年必死に頑張っても芽が出なかったら、もう一度よく考えて、きれいさっぱり諦めることも視野に入れてください」。

こんなこと、一生懸命に頑張っている経営者や、起業に向かって夢を温めている人に言うべきではないし、その必要もないから省略しているだけなのだ。

なぜかと言うと、現実的な問題として、起業した後3年間頑張り通せる経営者というのは、極めて少ない。多くのベンチャー経営者は、1年ぐらいで音を上げてしまう。

ベンチャー経営者、青年実業家。響きはかっこいいが、現実は厳しい。収入は少なく、経費は出ていくばかりで儲からず、苦しく、精神的にも追い込まれ、夢も希望も薄れていってしまう。

少し皮肉な話をすると、ベンチャー経営者というのはみんな必然的にアマチュアである。経営など手がけたことがなく、それこそ徒手空拳でチャレンジしているのだ。成功すれば、晴れてプロ経営者に「格上げ」されることになる。だから、「プロのベンチャー経営者」というのは、本人がよほど物好きでない限り、なかなか成立し得ないのだ。

だから、うまくいかないのがむしろ当たり前だ。1年ぐらいでやめてしまうのなら、お金と時間がもったいないから最初からやらないほうがいい。そもそも波動から考えれば、周期はもっとも短くても３～４年なのだから、1年試したくらいでは、成功するはずのアイディアも、きっかけがつかめないまま埋もれてしまうリスクがある。

だから、やりたいことをしっかり研究し、情熱と軍資金を蓄えて、少なくとも3年続ける覚悟で取り組んでほしいのだ。本当に関係者みんなをハッピーにできて、独創性のあるビジネスであれば、最初の1年はたとえ苦しくても、3年あれば次第に花が開いていく。エイチ・アイ・エスもそうだった。

３年頑張り通せないことには、何も始まらない。だから私は、アドバイスの後段の部分を飲み込む。

しかし中には、３年をゆうに過ぎてなお花開かないにもかかわらず、超人的な頑張りで耐え忍んでいる経営者が、少数ながらいることも事実だ。

３年精一杯頑張ったのに芽が出ないということは、そもそものビジネスモデルが間違っているか、独創性に乏しい可能性が高い。

3年間続けてきたことは、十分尊敬に値する。しかし、枯れた花にいくら肥料を施しても何の意味もない。そこで、3年で芽が出なければ、蕾ができているのか、ちょっとでも芽があるのか。それとも枯れてしまっているのかを、もう一度真剣に検討してみてほしい。

後者の場合、「継続は力なり」という格言が、マイナスに作用してしまいかねない。曲がりなりにも3年継続でき、それだけでも得るものはあったはずなのだから、新しいビジネスにその力を活かすことも検討するべきだと思う。

これは、資格の取得でも、英語の勉強でも同じだ。決めたら3年頑張る、あるいは3年頑張る覚悟があるかどうかを自問自答し、クリアできたら取り組む。

大会社にいることがメリットにも

私は本書を通じて、かつての自分のように起業する人を応援している。若いうちは失敗も財産だから、やってみるといい。

一方で、私は生まれてこの方、会社勤めの経験はほとんどない。早くに起業してしまったからだ。そんな私には、何が何でも独立してチャレンジすることがいいとも言えないところがあるのだ。

あなたが大きな会社の社員だとして、勤め先では自分の考えを実現できず、いい加減サラリーマンでいることに嫌気がさし、独立を考えているとする。

もちろんその道に進んでもいいのだが、大きな会社のサラリーマンだからこそ得られるメリットについても、しっかりと検討してみるほうがいい。

大きな会社には、すでにインフラが整っていて、優秀な人が集い、資金もそろっている。立派な経理部も総務部もあって、顧問弁護士までいる。単に大きな事業をやってみたいのなら、会社員のままでチャレンジしたほうが、いきなり大きなことができる。しかも達成までの時間も早い。

一方で、起業はすべてをゼロから組み立てることになる。企業理念をつくり、総務をつくり、経理マンをスカウトし、弁護士を雇う。これは、挑戦するビジネスそのものと同じくらい、いやもっと大変なことなのだ。

会社を辞めて新しいことにチャレンジしたいと強く願うこと自体は、けっして悪いことではない。でも一度冷静になって、そのくらいの情熱をもって社内のしがらみを突破し、慣習を打ち破り、上司を説得して、その代わり、会社の知名度や信用、社内のインフラを全部使ってチャレンジしてみるという可能性についても検討してみたほうがいいと思う。それがベンチャーを起こすことに比べて劣っているなどということはまったくない。

みんながみんな独立したほうがいいというのは間違いだと思う。

辞めてから、名刺の力や、会社の整った設備やシステムを当たり前に享受していた「傲慢さ」に気づいても遅いのだ。

確かに、歴史のある大企業ほど、若いうちはチャレンジしにくいのだろう。でも、多くの大企業がピンチに陥っているのだから、裏を返せば今後はチャンスの到来が早まるということも考えられる。会社の中に同志がいるかもしれない。

まずは身の回りでできることから始めても遅くはないし、そこでの経験は、起業してからもきっと役に立つはずだ。

多様な価値観を許容する現代

私は、この激動の時代に、新しいビジネスを夢見て生きている人が、正直に言ってとてもうらやましい。

私は自分がしてきたことにいまだ満足はしていないが、何の後悔があるわけでもない。それでも、もしいま自分が、20代の若者に戻ったとしたらどんなことに取り組みたいか、ときどき思いを馳せることがある。

資金力の問題があるが、やはり新エネルギー関連の事業に取り組んでみたい。言うまでもなく時代の要請となっているし、うまく解決できればみんながハッピーになれる事業の典型だからだ。

もうひとつは、ロボットだ。

私は工業高校の出身で、実を言うと機械工学のテクノロジーやエンジニアリングに興味があった。その当時、ロボット工学などSF漫画の中のできごとだったが、いまやそうではない。技術面では貢献できる自信はないが、若い人が減っている中で、ロボットで代替できることが広がれば、社会の可能性は大きく広がる。

しかしいまの私は、ハウステンボスというエンターテインメントに取り組む僥倖《ぎょうこう》に恵まれている。だから、エネルギーやロボットのことは、ときどき想像するだけにとどめている。

もうひとつの夢は、もう一度、ひとりの旅人に戻ることだ。世界中を巡り、じっくり歩いてみたい。きっとビジネスのチャンスもいろいろ転がっているはずだ。

私は、みんなが必ず自分の価値観をひとつずつ持っていれば、日本はいい国であり続けるし、世界もきっと良くなると考えている。

日本は豊かになり、そして少し先が見えづらいので、なかなか夢や目標が見つからない社会になってしまったと言われるけれど、きっと本当は見えにくくなっているだけ、感じにくくなっているだけなのだ。

私は、ビジネスと旅しかできない人間だからこんな内容の本になったが、本当は、別にビジネスでなくてもいいのだ。

チャレンジすること、一生懸命であること、価値を生み出していることが大切なのであって、立ち位置は、ボランティアでも、芸術でも、音楽でも、教育でも、公務員でもいいのだ。もちろん普通のサラリーマンでもいい。他人から「あの人は何をやっているのかわからない」と言われようと、本人が信じて真剣にやっているのならば、迷わず進めばいい。

それこそが、豊かになった国の姿だ。豊かな社会は、多様な価値観を許容する。それを大切にできれば、日本は必ず復活すると私は信じている。

終章　もう一度、旅へ

旅は人生、人生こそ旅

ハウステンボスから長崎空港まで、車で1時間弱。そして長崎空港から羽田空港までは、行きは1時間55分、帰りは1時間45分かかる。

ハウステンボスの社長に就任して以来、このコースを、多い週は2往復する。海外への出張も多い。会議への参加や打ち合わせで、2泊3日程度の強行日程になることがほとんどだ。さらに、モンゴルのハーン銀行の役員会に出席するため、半年に1度か2度はウランバートルにも飛ぶ。

加えて、ハウステンボスのために、世界中のすごい出し物を見学にも行く。これは、1か月、時には3か月にも及ぶことがある。

大変ですね、疲れませんか、と声をかけていただくことも多い。確かに、何でこんな無茶なスケジュールを組むのかと恨み節を言いたくなるときもあるのだが、私は飛行機に乗っていると、不思議にとても落ち着く。

まず、機内ではまとまった書類に目を通すことができる。何せ飛行機に乗ってしまえば、携帯電話が鳴ることもない。

書類がなければ、最近は寝る前にしか読めなくなった本を読むことにしている。やはり、機内では一気にページが進む。

その合間、ふと旅ばかりしていた20代の頃を思い出す。旅は私にとっての原点だ。私にとって、旅は人生であり、人生こそ旅なのだ。

旅が気持ちを変える

旅に出るたび、人というのは不思議なものだと思う。

ビジネスをしていれば、当然悩みごと、心配ごとの連続だ。失敗にも直面する。ときにはシビアすぎて、こんなのんきな私でさえ参ってくることがある。そして、ひとりデスクで堂々めぐりを繰り返す。失敗は失敗として役立てられる、なんて述べておきながら、やはりそのときは頭を抱え、悩むのだ。

そんなとき、私は意を決して旅に出る。旅の偉大さは、そこでこそ発揮される。

東京から来る連絡は、2日に1回だったのが、やがて週に1回になり、そのうち滅多なことでは来なくなってしまう。こちらもそれを当て込み、なるべく通信手段の悪い国を選ぶ。

初めての国、初めての街に出かけると、悩みや心配ごとがどんどん薄まっていくのがわかる。

感動し、感心し、驚いていると、不思議とネガティブな気持ちがその分追い出されていき、軽くなっていくのだ。

人間の脳は、きっと一定の容量しかないのだと思う。日本にいれば、あれもしなければいけない、これも手が回っていないと思ってしまうことが、旅に出かけると、本当はどうでもいいことから、ぽろぽろとこぼれ落ちていく。やがて悩みはシンプルなものになり、肚もすわってくる。ずっと結論の出なかったことがクリアになり、解決の糸口すら見えてくるようになるのだ。

旅はまた、視点の転換も助けてくれる。

日本にいるときと景色が違うし、文化も歴史も異なることを体で感じられる。それは、日本で仕事に追われていて忘れていた、いろいろな立場からものを考えることの大切さ、多様な視点を、やさしく思い出させてくれるのだ。

これは、何もビジネスに限らない。人生の悩みも、失恋の痛みも、みんな旅が癒してくれる。痛みは、距離と時が忘れさせてくれるものだ。どんなつらいことがあっても、一生を誓ったつもりの彼氏彼女に振られても、経営がうまくいかなくなっても、1年経ち、3年経ち、5年も経てば、痛みは薄れていく。

時間は勝手に進めることはできないが、距離は自分で稼ぐことができる。不思議なことに、遠ければ遠いほど痛みが和らいでいくのだ。

これは秘密だが、私は長崎にいると、エイチ・アイ・エスのことを半分以上忘れてしまう。反対に東京に来ると、今度はハウステンボスのことを忘れ始めるから不思議だ。

だから、どうしようもなく一杯いっぱいになったら、とにかく生活圏から離れ、遠くに飛んでみることだ。

すべては旅の途中

旅に出ると、信じられないことが起こる。ハプニングの連続だ。

でも、それが面白い。

旅に出れば、荷物を盗まれることも、買い物で騙されたり、偽物をつかまされたりすることもある。言葉が通じず往生したり、ドジをしたり、恥をかいたり。でも、いまとなってはどれもが楽しく、忘れがたい思い出になっている。

人生こそ旅なのだとしたら、人生で何が起きても、それをハプニングとして面白がることができるようになる。

そして、旅には素敵なことがたくさんある。思わぬ出会い。人の情け。それもまた、人生と同様だ。

苦労も、楽しいことも、すべては旅の途中のできごと。そして本当に疲れたら、本物の旅に出ればいい。

私も、もう一度ひとりの旅人に戻る日を楽しみにしている。

末筆ながら、本書出版の機会を与えていただいた小学館出版局の下山明子さんに、感謝を申し上げる。

そして、最後までお付き合いいただいた皆さんにも、心からお礼を申し上げます。

どうか、「いい旅」を！

澤田　秀雄

澤田秀雄（さわだ・ひでお）

1951年大阪府出身。73年旧西ドイツ・マインツ大学留学。帰国後の80年にインターナショナルツアーズ（現エイチ・アイ・エス）を設立。格安航空券販売を中心にパッケージ旅行の販売を手掛ける。96年スカイマークエアラインズ（現スカイマーク）を設立し、国内航空業界へ新規参入。その後、証券業、04年にはモンゴル国ハーン銀行の頭取、07年澤田ホールディングス株式会社（現HSホールディングス）代表取締役社長に就任。10年にはハウステンボス代表取締役社長に就任し、開業以来赤字続きのテーマパークを再生。現在はエイチ・アイ・エス 最高顧問、HISホテルホールディングス 会長兼社長を務める。また、世界で活躍できる未来の経営者を育成する為、一般社団法人アジア経営者連合会 会長、公益財団法人 澤田経営道場 最高顧問など幅広く活動している。著書に『旅行ビジネスという名の冒険』『思う・動く・叶う！』などがある。

運をつかむ技術
18年間赤字のハウステンボスを1年で黒字化した秘密

2012年9月30日　初版第一刷発行
2025年9月22日　第七刷発行

著者　澤田秀雄
発行人　石川和男
発行所　株式会社　小学館
〒101-8001 東京都千代田区一ツ橋2-3-1
電話　編集　03（3230）5112
販売　03（5281）3555
印刷所　株式会社DNP出版プロダクツ
製本所　牧製本印刷株式会社

ISBN978-4-09-388264-4